MINISTÈRE DE LA GUERRE.

INSTRUCTION

SUR

LES MARCHÉS DES TRAVAUX DU SERVICE DU GÉNIE

ET

ANNEXES.

(DEVIS GÉNÉRAL ET INSTRUCTION SUR LES CAUTIONNEMENTS.)

7 MAI 1857.

PARIS.

IMPRIMERIE IMPÉRIALE.

M DCCCLVII.

MINISTÈRE
DE LA GUERRE.

3e DIRECTION.
(GÉNIE.)

2e SECTION.
MATÉRIEL-COMPTABILITÉ.

MESURES GÉNÉRALES.

CIRCULAIRE
Transmissive d'une nouvelle instruction sur les marchés des travaux militaires, avec devis général et instruction annexée sur les cautionnements.

5567.

Paris, le 7 mai 1857.

Colonel, la publication du devis-modèle imprimé en l'an VII avait déjà introduit une certaine uniformité dans la gestion des entreprises et dans l'exécution des travaux dépendants du service du génie; mais l'expérience fit bientôt reconnaître la possibilité de perfectionner cette première réglementation : des renseignements nombreux furent recueillis dans ce but, et, le 18 octobre 1823, M. le maréchal duc de Bellune, alors ministre de la guerre, promulgua un nouveau devis-modèle : ce document, beaucoup plus étendu que celui de l'an VII, comprenait non-seulement la série des conditions générales et particulières à imposer aux adjudicataires des travaux à l'entreprise, mais encore une analyse modèle des prix des différentes natures d'ouvrages, ainsi que des notes explicatives et instructives sur ces parties importantes du service.

Un tel ensemble avait donc le double caractère d'un règlement précis, en ce qui se rapporte aux conventions entre l'État et les entrepreneurs, et d'une sorte de cours pratique de constructions : aussi, grâce à l'étude constante qu'en ont faite depuis trente-quatre ans les officiers du génie, les travaux militaires sont aujourd'hui dirigés avec une régularité administrative et une économie dont on trouverait ailleurs peu d'exemples.

Toutefois, quelque satisfaisant qu'ait pu être dans son principe et dans ses conséquences le mode adopté en 1823, il était difficile qu'une longue application n'y fît pas apparaître quelques lacunes. D'un autre côté, les changements apportés depuis cette même époque aux règles de la comptabilité publique (notamment par l'ordonnance du 31 mai

1.

Au Colonel, Directeur des fortifications à

1838, par le règlement du 1er décembre suivant, par ceux des 25 janvier et 25 novembre 1845 sur la comptabilité-matière, etc.) *imposaient l'obligation de faire concorder avec les règles nouvelles les dispositions spéciales qui concernent les marchés; enfin, du moment où il semblait utile de modifier ou compléter le travail de 1823, on devait aussi se préoccuper d'y apporter les améliorations de forme dont une application prolongée faisait sentir l'opportunité.*

Dans cet esprit, réunissant aux données recueillies par le dépôt des fortifications, les observations classées et coordonnées depuis plusieurs années par l'Administration centrale, j'ai confié au comité du génie le soin de reviser entièrement la réglementation des marchés.

Il a été reconnu tout d'abord que dans les devis ou cahiers des charges, préparés sur le modèle de 1823, les officiers entremêlaient souvent avec les clauses relatives aux marchés proprement dits (c'est-à-dire avec les stipulations intéressant l'exécution, la nature et le payement des travaux ou fournitures) *des instructions concernant spécialement les chefs du génie et auxquelles les concurrents aux adjudications pouvaient demeurer étrangers : telles sont, par exemple, certaines prescriptions relatives à la préparation du travail des renouvellements de marchés, aux formalités à remplir lors des adjudications, à la tenue de la comptabilité, etc. Or il importait, pour la facilité des recherches, d'établir une distinction patente entre ce qui est règle générale de service et ce qui a le caractère de clause personnelle à l'adjudicataire; de telle sorte cependant que ce dernier conservât la faculté entière de prendre aisément, au besoin, une connaissance exacte du régime administratif auquel doivent être indistinctement soumis tous les entrepreneurs des travaux militaires.*

D'un autre côté, bien que le but des devis-modèles anciens fût l'uniformité, par cela même qu'il n'en existait aucune avant leur établissement, les cahiers des charges préparés avec ces types pour guides devaient pendant longtemps, et en raison des circonstances locales, être affectés de grandes dissemblances. Malgré la tendance de l'Administration supérieure à ramener le plus possible toutes les places à une règle commune, ces dissemblances s'étaient perpétuées jusqu'à ce jour en grande partie : or si, en ce qui touche aux conditions particulières, elles étaient forcées par la nature variable des usages et des ressources que présentent les diverses localités, il n'en est plus ainsi en ce qui se rapporte aux conditions dites générales, *conditions qui, grâce à la parfaite régula-*

rité introduite dans l'administration et la comptabilité publique de toute la France, pouvaient être rendues en quelque sorte immuables.

De là l'idée d'un devis général commun et fixe pour toutes les entreprises des travaux militaires : ce devis général, imprimé ou lithographié, devant être joint au cahier des charges spécial pour chaque place, son adoption offrira aux officiers plus de facilité à se mettre au courant de cette branche du service, lors de leur passage d'une résidence à une autre; aux chefs du génie, un moyen de simplifier les écritures du travail préparatoire des renouvellements de marchés; aux personnes qui embrassent la carrière des entreprises, l'avantage de n'avoir à étudier qu'une fois pour toutes un ensemble de conditions principales qu'ils doivent retrouver en vigueur partout où ils se porteront candidats; enfin, à l'Administration centrale, l'avantage de n'avoir plus, lors de l'examen des projets de marchés qui me sont soumis, qu'à porter son attention sur les clauses spéciales ou particulières demeurées sujettes à variation.

*Entrant dans ces vues, le comité des fortifications a présenté à mon approbation, en trois cahiers distincts, un projet d'instruction sur les marchés, un projet de devis général et un projet d'instruction spéciale sur les cautionnements : ces trois documents, élaborés de concert par le comité de l'arme, la comptabilité générale et le service du génie de mon ministère, ont été réunis en une seule brochure sous le titre général d'*Instruction sur les marchés des travaux du service du génie, *ayant pour annexes le* Devis général *et* l'Instruction sur les cautionnements.

Soumise dans son ensemble à mon appréciation, cette instruction a reçu, ce même jour, ma sanction définitive.

Eu égard à la publication de ce document collectif, et en tenant compte du règlement déjà promulgué le 25 novembre 1845 sur la comptabilité-matière, de l'instruction du 26 février 1855 sur la rédaction des projets de fortifications et de bâtiments militaires, de celle du 23 juin 1856 sur les feuilles de dépenses, il ne reste plus, pour compléter la révision de l'instruction du 7 juillet 1835 sur le service du génie dans les places, qu'à réglementer à nouveau les dispositions relatives à la conduite et à l'exécution des travaux, à la tenue de la comptabilité et à la conservation des archives.

Le comité des fortifications a entrepris l'examen de ces questions et compte me présenter prochainement le résultat de ses études.

Vous trouverez ci-joint, Colonel, pour vos archives et pour celles des places de votre direction, *exemplaires de la nouvelle instruction sur les marchés et de ses annexes.*

Le Maréchal de France,
Ministre Secrétaire d'État de la guerre,
Signé VAILLANT.

INSTRUCTION

SUR

LES MARCHÉS DES TRAVAUX DU SERVICE DU GÉNIE

ET

ANNEXES.

(DEVIS GÉNÉRAL ET INSTRUCTION SUR LES CAUTIONNEMENTS.)

---

7 MAI 1857.

SOMMAIRES

1° DE L'INSTRUCTION SUR LES MARCHÉS;

2° DU DEVIS GÉNÉRAL;

3° DE L'INSTRUCTION SUR LES CAUTIONNEMENTS.

1° INSTRUCTION SUR LES MARCHÉS.

MODÈLE.

2° DEVIS GÉNÉRAL.

CHAPITRE PREMIER.

ADJUDICATION, DURÉE DU MARCHÉ, ET CAUTIONNEMENT.

CHAPITRE II.

DISPOSITIONS CONCERNANT LE PERSONNEL DE L'ENTREPRISE.

CHAPITRE III.

DISPOSITIONS CONCERNANT LE MATÉRIEL DE L'ENTREPRISE.

CHAPITRE IV.

EXÉCUTION ET GARANTIE DES OUVRAGES.

CHAPITRE V.

DISPOSITIONS SPÉCIALES CONCERNANT LES TRAVAUX EN RETARD, DU FAIT DE L'ENTREPRENEUR.

CHAPITRE VI.

MESURAGES, COMPTABILITÉ ET PAYEMENTS.

CHAPITRE VII.

CAS DE RÉSILIATION DU MARCHÉ, INDEMNITÉS, RÉCLAMATIONS.

MODÈLES.

3° INSTRUCTION SUR LES CAUTIONNEMENTS.

MODÈLES.

INSTRUCTION

SUR

LES MARCHÉS DES TRAVAUX DU SERVICE DU GÉNIE.

ARTICLE PREMIER.

Les travaux du service du génie, dans les places, sont exécutés : Modes d'exécution des travaux.

Soit à l'*entreprise*, au moyen d'un ou de plusieurs entrepreneurs en titre, se chargeant, aux clauses et aux conditions d'un marché, de l'exécution des ouvrages ordonnés dans la place pendant un nombre déterminé d'années;

Soit en *régie*, à l'aide d'un gérant, chargé de rechercher les entrepreneurs particuliers et les fournisseurs, de procurer les ouvriers et de solder, avec les fonds que lui avance le Trésor, les dépenses qui ne sont pas acquittées au moyen des mandats du directeur ou d'extraits d'ordonnance de payement.

§ Ier. — ENTREPRISE.

ART. 2.

Les directeurs des fortifications doivent mettre tous leurs soins à faire établir le mode par entreprise dans les places où il n'existe pas, et à le conserver dans celles où il existe et dont les marchés sont à renouveler. Préférence à donner au mode par entreprise.

S'il n'est pas possible de trouver un entrepreneur en état d'exécuter l'ensemble des travaux présumés, vu leur trop grande importance, l'entreprise peut être scindée, soit par arrondissement, soit même par nature d'ouvrages.

ART. 3.

Marché exigeant des adjudications publiques.

Tous les marchés doivent être passés avec concurrence et publicité, sauf les exceptions mentionnées à l'article 15 ci-après.

ART. 4.

Travail préparatoire de l'adjudication.

Dans les places où l'exécution des travaux a déjà lieu à l'entreprise, le chef du génie, au commencement de la dernière année du marché, ou dès que la résiliation de ce marché est décidée, prend les instructions du directeur sur les modifications à apporter aux clauses particulières et aux prix du marché, et fait de ces modifications l'objet d'un travail préparatoire.

Quant aux conditions générales, elles sont consignées dans un devis commun à toutes les places, lequel est ci-annexé, et elles ne peuvent être modifiées qu'en vertu d'ordres préalables du ministre.

Dans les places où les travaux sont exécutés en régie, un projet d'adjudication est préparé à l'avance le plus possible, et complété aussitôt que les circonstances paraissent favorables à la passation d'un marché général pour les exercices suivants.

ART. 5.

Pièces dont se compose ce travail.

Le travail préparatoire à rédiger par le chef du génie se compose :

1° D'un cahier des charges;
2° D'une analyse des prix;
3° D'un bordereau des prix;
4° D'un mémoire de discussion.

Le cahier des charges ou des conditions renvoie, pour les obligations générales, au devis commun à toutes les places et spécifie les clauses particulières qui concernent la localité : il doit être assez détaillé pour ne laisser aucune incertitude sur la manière dont les divers ouvrages portés au bordereau seront exécutés et payés, et il doit, en outre, avoir avec ce bordereau la plus grande concordance dans toutes ses parties.

Pour établir l'analyse des prix, le chef du génie doit se procurer tous les renseignements nécessaires sur la nature et sur la qualité des matériaux que l'on emploie dans la localité, pour les constructions publiques et particulières, sur leur valeur et sur celle de leur mise en œuvre; il consulte, en outre, au besoin, les marchés des places voisines.

Le bordereau des prix présente les résultats de l'analyse, augmentés des faux frais et du bénéfice de l'entrepreneur : les prix y sont arrondis au plus près, par augmentation ou par diminution, de manière à ne jamais conserver les millimes, à n'avoir pour le chiffre des centimes qu'un zéro ou un cinq dans les prix de un à dix francs, à supprimer les centimes dans tous ceux qui sont compris entre dix et cent francs et à retrancher, en outre, les décimes dans les prix qui dépassent cent francs.

On porte dans une colonne particulière du bordereau, en regard des ouvrages qui y sont désignés, les numéros des articles du cahier des charges concernant plus particulièrement ces ouvrages, et l'expédition destinée au ministre doit, en outre, indiquer, pour chaque article, les prix qui sont alors en vigueur.

Enfin, le mémoire de discussion fait, s'il y a lieu, ressortir, en les motivant, les principaux changements apportés aux prix et aux conditions particulières du marché qui va expirer.

ART. 6.

Uniformité à établir par direction.

Chaque directeur doit s'attacher à établir la plus grande uniformité possible entre les cahiers des charges, ainsi qu'entre les bordereaux des prix, pour toutes les places de sa direction, et veiller à ce que les diverses natures d'ouvrages y soient toujours classées dans le même ordre, suivant les mêmes divisions et les mêmes subdivisions.

ART. 7.

Envoi du travail préparatoire

Le travail préparatoire est remis au directeur avant le 1er septembre.

Le directeur, après l'avoir examiné et fait rectifier et compléter, au besoin, par le chef du génie, le transmet au ministre, avec ses observations, avant le 1er octobre.

Les modifications à y apporter, s'il y a lieu, en vertu des ordres du ministre, sont effectuées assez tôt pour que l'adjudication soit passée dans les premiers jours de décembre, et l'entrepreneur doit se mettre en mesure d'entrer en fonctions le 1er janvier suivant.

ART. 8.

Annonce de l'adjudication.

Aussitôt que le ministre a approuvé le travail préparatoire, le directeur en donne avis à l'intendant militaire de la division dans laquelle se trouve la place où le marché doit être passé : ce fonctionnaire en informe le sous-intendant militaire qui doit assister à l'opération; ce dernier fait procéder immédiatement aux publications nécessaires, après avoir fixé le lieu, le jour et l'heure de la séance d'adjudication, de concert avec le maire et avec le chef du génie.

Des affiches, en nombre suffisant, sont, à cet effet, apposées non-seulement dans la place que les travaux concernent, mais aussi dans les autres places de la direction, et même dans d'autres directions où l'on supposerait que peuvent se trouver des entrepreneurs disposés à se déplacer.

Les affiches signées par le sous-intendant militaire doivent faire connaître :

Le mode d'adjudication;

Le lieu, le jour et l'heure fixés pour l'opération, ainsi que les fonctionnaires en présence desquels elle aura lieu;

L'objet, la durée et les principales conditions du marché, notamment le montant du cautionnement matériel et celui du dépôt de garantie, quand ce cautionnement ou ce dépôt est exigé;

Les lieux où l'on pourra prendre connaissance de toutes les clauses et conditions;

Enfin, l'obligation imposée à chaque candidat :

1° De produire, s'il est Français, un acte de naissance, et, s'il est étranger, mais légalement domicilié en France, une autorisation de concourir, délivrée par le ministre de la guerre;

2° De justifier de sa solvabilité et de sa moralité par un certificat du maire de la commune où il réside et de produire la même justification pour sa caution;

3° De justifier de sa capacité et de son acquit dans l'art des constructions, devant le chef du génie de la place.

Les affiches doivent être apposées un mois au moins avant le jour de l'adjudication, sauf le cas d'urgence, ou celui d'une autorisation spéciale du ministre, circonstances qui doivent être alors relatées dans le procès-verbal d'adjudication.

Lorsque le directeur des fortifications pense qu'il est convenable de faire insérer le contenu de l'affiche dans des journaux de la localité ou autres, il le fait connaître à l'intendant militaire, qui donne des ordres en conséquence.

ART. 9.

Pièces à communiquer aux candidats.

Le devis général, le cahier des charges particulières à la place et le bordereau des prix, le modèle de soumission cachetée à souscrire par chaque concurrent, celui de l'engagement solidaire à contracter par la caution et l'état des matériaux que le nouvel entrepreneur devra prendre, s'il y a lieu, à son compte, en entrant en fonctions, restent déposés, pendant toute la durée des publications, à la mairie de la place, dans les bureaux du chef du génie et dans ceux du sous-intendant militaire, où chacun peut aller les consulter librement.

ART. 10.

Séance d'adjudication.

Il est procédé comme il suit à l'adjudication en séance publique, dans l'une des salles de la mairie :

Le maire se place au centre du bureau; le chef du génie et le fonctionnaire de l'intendance siégent l'un à droite et l'autre à gauche du maire, suivant le rang de préséance que leur assignent leurs grades respectifs.

Le maire annonce que la séance est ouverte.

Le chef du génie dépose sur le bureau le devis général, le cahier des charges spécial à la place, le bordereau des prix, l'instruction ci-jointe sur les cautionnements à fournir par les entrepreneurs des travaux du service du génie, la liste des candidats qu'il a reconnus aptes à concourir, et, lorsqu'il y a lieu, un pli cacheté dans lequel se trouve une expédition, ou une copie certifiée par le directeur des fortifications, de la décision ministérielle qui fixe la limite des offres acceptables.

Le fonctionnaire de l'intendance, après avoir fait, de son côté, le dépôt des affiches et des autres pièces qui ont annoncé l'adjudication, donne connaissance au public de la liste des candidats admis par le chef du génie et invite ceux qui y sont portés à remettre les deux plis cachetés mentionnés dans le devis général, contenant : le n° 1, les divers certificats exigés; et le n° 2, la soumission souscrite.

Le maire reçoit ces plis : s'il en manque, le sous-intendant militaire invite les candidats retardataires à les déposer immédiatement.

Le maire ouvre ensuite les plis n° 1, et la vérification en est faite par les fonctionnaires qui tiennent la séance.

Toutes les pièces incomplètes ou irrégulières, quand il s'en trouve, sont remises par le maire aux candidats qu'elles concernent, ainsi que les autres pièces qu'ils ont produites, y compris le pli n° 2 non décacheté.

Cette vérification terminée à l'égard de tous les plis n° 1, le maire ouvre les soumissions n° 2, et le fonctionnaire de l'intendance en donne lecture à haute voix.

Le maire remet les soumissions annulées aux candidats qui les ont fournies.

Quand il y a eu une limite maximum de surenchère ou une limite minimum de rabais fixée par le ministre, et qu'après une ou plusieurs épreuves, ainsi qu'il est expliqué au devis général, l'offre la plus avantageuse n'a été faite que par un seul candidat, le chef du génie ouvre le pli dans lequel se trouve la décision qui spécifie cette limite, et il donne au maire et au sous-intendant militaire communication de cette décision, qui doit d'ailleurs rester inconnue de toute autre personne.

Le fonctionnaire de l'intendance proclame l'adjudicataire, ou fait connaître que l'opération est restée sans résultat.

S'il doit y avoir, séance tenante, de nouvelles soumissions ou une nouvelle tentative d'adjudication, le maire en informe immédiatement le public, et le chef du génie fixe le délai dans lequel les nouvelles pièces devront être déposées.

Dans le cas où un incident relatif à l'adjudication présente quelque gravité, le maire en prévient le public, et les trois fonctionnaires qui tiennent la séance se retirent pour en délibérer. Le maire annonce ensuite la reprise de la séance, et le fonctionnaire de l'intendance fait connaître, quand il y a lieu, le résultat de la délibération sur l'incident soulevé.

Le chef du génie est entendu toutes les fois qu'il en exprime l'intention; il donne, au besoin, tous les renseignements et tous les éclaircissements qui peuvent être nécessaires, tant sur le bordereau des prix que sur le devis général et sur le cahier des charges.

L'adjudication n'est prononcée que de l'avis unanime du maire, du chef du génie et du fonctionnaire de l'intendance.

Les résultats de l'adjudication sont constatés au moyen d'un procès-verbal qui est dressé par le fonctionnaire de l'intendance, et qui relate toutes les circonstances de l'adjudication (*voir le modèle ci-annexé*). Ce procès-verbal est rédigé sur papier libre. La minute en est déposée, avec les soumissions, au secrétariat de la mairie, et le maire en délivre immédiatement une expédition au sous-intendant militaire et au chef du génie.

ART. 11.

Envoi du procès-verbal.

Une expédition du procès-verbal d'adjudication est adressée sans retard par le chef du génie au directeur des fortifications, qui la transmet au ministre de la guerre.

Bien que toutes les circonstances de l'adjudication doivent être relatées dans le procès-verbal rédigé par le sous-intendant, le chef du génie annexe à ce procès-verbal un rapport spécial dans lequel il consigne ses observations particulières sur l'opération, et fait connaître les avantages et les inconvénients qui lui paraissent devoir résulter de l'approbation ou de l'annulation du marché.

Si cet officier est d'avis de l'annulation, il doit, après en avoir déduit les motifs, proposer, soit de tenter une adjudication nouvelle, soit de traiter de gré à gré avec un entrepreneur offrant des conditions plus avantageuses que celles qui résultent de l'adjudication, soit enfin de mettre les travaux en régie.

Dans tous les cas, le rapport du chef du génie doit être revêtu de l'attache du directeur des fortifications, et si cet officier supérieur propose une adjudication nouvelle, il peut solliciter, en même temps, du ministre l'autorisation de réduire le temps pendant lequel les nouvelles affiches devront rester apposées.

ART. 12.

Adjudications concernant plusieurs chefferies.

Dans le cas de marchés intéressant plusieurs chefferies, le directeur arrête, d'après les renseignements fournis par les chefs du génie, la liste des concurrents ayant l'aptitude nécessaire, et passe le marché conjointement avec le préfet et avec l'intendant militaire, en opérant d'une manière analogue à celle qui est prescrite aux articles qui précèdent. Le procès-verbal et les soumissions sont alors déposés dans les archives de la préfecture.

ART. 13.

Suite à donner à la décision du ministre.

Dès que le directeur des fortifications a reçu la décision du ministre sur l'adjudication, il la transmet au chef du génie; et cet officier la notifie au sous-intendant, qui, en cas d'approbation, reste chargé de veiller à ce que l'adjudicataire fasse viser pour timbre et enregistrer le procès-verbal dans les délais voulus, et à ce qu'il paye immédiatement les autres frais d'adjudication.

Si le ministre refuse son approbation, l'adjudication se trouve annulée de plein droit, et tous les frais qu'elle a occasionnés tombent à la charge de l'État.

ART. 14.

Adjudications ou conventions particulières.

Lorsque, dans les travaux à l'entreprise, un ouvrage, un transport ou une fourniture n'a pas de prix porté au bordereau, et lorsque, en outre, il n'est pas possible d'établir de concert avec l'entrepreneur en titre, et sur les bases de son marché, des prix d'estimation ou des prix à forfait approuvés par le directeur, le chef du génie fait exécuter les travaux, effectuer les transports et livrer les fournitures par des entrepreneurs particuliers ou par des fournisseurs, au moyen, soit d'adjudications spéciales, soit, exceptionnellement, de conventions de gré à gré, dans les cas prévus par les articles qui suivent.

Les adjudications particulières sont préparées et passées en se conformant aux règles ci-dessus posées pour les adjudications générales; toutefois, le délai des affiches peut être réduit suivant les besoins; et les cahiers des charges qu'elles concernent ne contiennent que les conditions nécessaires à l'objet qu'on a en vue.

ART. 15.

Cas où il est permis de traiter de gré à gré.

Il peut être traité de gré à gré dans les cas suivants :

1° Pour les fournitures, pour les transports et pour les travaux dont la dépense totale n'excède pas 10,000 francs ou, s'il s'agit d'un marché passé pour plusieurs années, dont la dépense annuelle n'excède pas 3,000 francs;

2° Pour toute espèce de fournitures, de transports ou de travaux, lorsque les circonstances exigent que les opérations du Gouvernement soient tenues secrètes : ces marchés doivent préalablement avoir été autorisés par un décret, sur un rapport spécial;

3° Pour les objets dont la fabrication est exclusivement attribuée à des porteurs de brevets d'invention;

4° Pour les objets qui n'auraient qu'un possesseur unique;

5° Pour les ouvrages et pour les objets d'art et de précision dont l'exécution ne peut être confiée qu'à des artistes éprouvés;

6° Pour les exploitations, pour les fabrications et pour les fournitures qui ne sont faites qu'à titre d'essai;

7° Pour les matières et pour les denrées qui, à raison de leur nature particulière et de la spécialité de l'emploi auquel elles sont destinées, sont achetées et choisies aux lieux mêmes de production, ou livrées sans intermédiaire par les producteurs eux-mêmes;

8° Pour les fournitures, pour les transports ou pour les travaux qui n'ont été l'objet d'aucune offre aux adjudications, ou à l'égard desquels il n'a été proposé que des prix inacceptables :

toutefois, lorsqu'un maximum de prix a été arrêté par le ministre, ce maximum ne doit pas être dépassé;

9° Pour les fournitures, pour les transports et pour les travaux qui, dans le cas d'urgence évidente amenée par des circonstances imprévues, ne peuvent subir les délais de l'adjudication;

10° Pour les affrétements passés au cours des places par l'intermédiaire des courtiers et pour les assurances sur les chargements qui s'ensuivent.

Dans les circonstances même où les conventions de gré à gré sont permises, les chefs du génie doivent s'attacher à établir la concurrence toutes les fois qu'il peut en résulter des avantages pour l'État.

ART. 16.

Formes des conventions de gré à gré.

Les marchés de gré à gré sont constatés, soit par une convention que signent le chef du génie et l'entrepreneur ou le fournisseur particulier, soit par un engagement à la suite du cahier des charges, ou par une soumission séparée que souscrit le fournisseur ou l'ouvrier, soit enfin par correspondance, suivant l'usage du commerce. Leur libellé n'a rien d'absolu; il suffit que l'engagement soit formel et que les conditions soient clairement exprimées.

Ils doivent être écrits sur papier timbré ou visé pour timbre, puis enregistrés aux frais de celui qui contracte avec l'État; ils doivent stipuler qu'en cas de saisies-arrêts ou oppositions sur les sommes à payer aux entrepreneurs, fournisseurs ou ouvriers, ces sommes seront versées par le payeur à la caisse des dépôts et consignations, et que ce versement libérera l'État envers le créancier.

Tout marché de gré à gré est valable et définitif aussitôt après son approbation par le directeur des fortifications. Cette approbation, qui doit précéder l'enregistrement, rappelle formellement que la faculté de la donner résulte des dispositions du présent article.

Par exception aux prescriptions qui précèdent, les marchés de gré à gré peuvent être suppléés :

1° Par des achats faits sur simple facture, pour les objets qui sont livrés immédiatement et dont la valeur n'excède pas cinq cents francs;

2° Par des états de salaire, pour le payement des appointements, des salaires ou des gages des employés ou des ouvriers particuliers payés à l'année, au mois ou à la journée, quel que soit d'ailleurs le montant de la dépense.

Enfin, les travaux exécutés par des ouvriers militaires travaillant par ordre ne donnent lieu qu'à des états d'émargement.

ART. 17.

Cautionnements et retenues.

Les marchés tant généraux que particuliers doivent, dans la plupart des cas, stipuler des cautionnements soit personnels, soit matériels, et, dans quelques circonstances particulières, des dépôts en garantie de la réalisation des cautionnements. Il y a lieu, pour les uns et pour les autres, de se conformer aux dispositions de l'instruction spéciale ci-annexée sur les cautionnements à fournir par les entrepreneurs des travaux du service du génie.

On peut aussi, quand on le juge nécessaire, stipuler une retenue sur le prix des travaux ou des fournitures, avec faculté d'en faire verser, par le payeur, le montant à la caisse des dépôts et consignations, pour y rester jusqu'à l'expiration du délai de garantie.

ART. 18.

Payement des dépenses.

Les dépenses résultant de l'exécution d'un marché par adjudication publique ou de gré à gré sont réglées, constatées et payées comme il est expliqué au devis général des travaux du service du génie, sauf les modifications qui peuvent être la conséquence de conditions particulières.

Les dépenses faites sur simple facture, ou soldées au moyen d'états de salaires ou d'états d'émargement (art. 16), sont, à moins de circonstances exceptionnelles, acquittées par l'entrepreneur en titre.

§ II. — RÉGIE.

ART. 19.

Lorsque le mode à l'entreprise n'est pas applicable, ou quand les tentatives d'adjudication à l'effet de trouver un ou plusieurs entrepreneurs en titre pour l'ensemble des travaux sont restées sans résultat, il est établi une régie.

Le chef du génie doit s'attacher à avoir des entrepreneurs particuliers pour l'exécution de chaque espèce de travaux, et, au besoin, des fournisseurs pour la livraison des matériaux et autres objets. Il est alors passé, suivant le cas, des adjudications partielles ou des marchés de gré à gré. Ces derniers marchés sont passés par le gérant, sous l'autorité du chef du génie, qui les vise.

Dans l'un et l'autre cas, on opère avec chaque entrepreneur particulier ou chaque fournisseur de la même manière qu'avec l'entrepreneur en titre, pour tout ce qui tient aux livraisons, à l'exécution des travaux, à la tenue de la comptabilité, aux retenues d'escompte et au payement des dépenses, sauf toutefois les modifications qui pourraient résulter des conditions spéciales.

A défaut d'entrepreneurs particuliers, les ouvrages sont exécutés à la journée, au prix convenu avec des ouvriers. Les dépenses qui en résultent, ainsi que celles que spécifient les derniers paragraphes de l'art. 16, comme n'exigeant pas la passation de marchés, sont payées par le gérant.

Approuvé le 7 mai 1857.

Le Maréchal de France,
Ministre Secrétaire d'État de la guerre,

VAILLANT.

· DIVISION MILITAIRE.

GÉNIE.

PLACE d
et
DÉPENDANCES
(s'il y a lieu).

[MODÈLE.]

DIRECTION d

PROCÈS-VERBAL *d'adjudication* (ou *de la séance d'adjudication*) *des travaux du service du génie à exécuter dans la place d. . .* (ajouter *et dépendances,* s'il y a lieu) *pendant les exercices 18 , 18 et 18 .*

L'an mil huit cent. . . . ., le (1). . . . ., à l'heure de. . . . . (en toutes lettres), Nous, sous-intendant militaire employé (ou Nous, sous-préfet, commandant de place ou adjoint du maire, remplissant les fonctions de sous-intendant militaire) à la résidence de. . . . ., agissant en vertu d'une décision du ministre de la guerre en date du. . . . ., qui prescrit de procéder à l'adjudication des travaux dépendant du service du génie à exécuter dans la place de. . . . . (*ajouter :* et dépendances, *s'il y a lieu*) pendant les six exercices 18. ., 18. ., 18. ., 18. ., 18. . et 18. ., avec faculté réciproque de résilier à la fin du premier ternaire, en prévenant par écrit six mois à l'avance;

Réuni en séance publique, dans l'une des salles de la mairie de la ville de. . . . ., à M. N. . . . ., maire de la ville (*ou* à M. N. . . ., adjoint du maire, *ou* à M. N. . . . ., conseiller municipal, délégué à cet effet par M. le maire de la ville), et à M. N. . . . ., chef du génie de la place;

Vu les affiches apposées à la date du (1). . . . . . (*et, quand il y a lieu :* les insertions faites le (1). . . . . et le (1). . . . . dans. . . . .), à l'effet d'annoncer ladite adjudication, pour le jour, l'heure et le lieu ci-dessus désignés;

Avons constaté, comme il suit, les circonstances et le résultat de la séance :

M. le maire (ou M. le représentant du maire) ayant annoncé que la

(1) Les dates en toutes lettres.

séance était ouverte, M. le chef du génie a déposé sur le bureau : le devis général, le cahier des charges spécial à la place et le bordereau des prix, l'instruction du..... 185.. sur les cautionnements à fournir par les entrepreneurs des travaux du service du génie, et la liste des candidats qui ont justifié devant cet officier avoir des connaissances, une expérience et une capacité suffisantes pour pouvoir concourir (*ajouter, quand il y a lieu :* il y a joint un pli cacheté dans lequel, d'après sa déclaration, se trouve l'indication faite par le ministre de la limite des offres susceptibles d'être acceptées). Nous y avons ajouté un exemplaire des affiches et des autres pièces constatant les publications qui ont eu lieu.

Lecture faite par nous de la liste déposée par M. le chef du génie, et chacune des personnes portées sur cette liste ayant été par nous invitée à remettre à M. le maire les deux plis cachetés exigés pour le concours, se sont successivement présentés, ont déposé les plis dont il s'agit, et ont déclaré avoir pris une parfaite connaissance du bordereau des prix, ainsi que des clauses et des conditions du marché, savoir :

(1) Noms et prénoms.

N(1)....., entrepreneur de maçonnerie, demeurant à.....;

N(1)....., architecte à....., ex-entrepreneur des ponts et chaussées;

N(1)....., maître charpentier, domicilié en cette ville;

N(1)....., ancien conducteur des travaux maritimes à la résidence de..

La liste dressée par M. le chef du génie étant épuisée, et chacun des candidats qui y sont portés s'étant présenté, M. le maire a ouvert successivement les plis n° 1, qui ont fait, de sa part, de celle de M. le chef du génie et de la nôtre, l'objet d'un examen spécial.

Toutes les pièces des candidats ont été reconnues complètes et régulières.

Ou bien : Personne ne se présentant plus, quoique la liste dressée par M. le chef du génie ne soit pas épuisée, nous avons renouvelé notre invitation à trois fois, à cinq minutes d'intervalle, après quoi M. le maire a ouvert, etc., etc. (*terminer comme ci-dessus*).

M. N....., ayant produit des pièces incomplètes (*ou bien insuffisantes ou irrégulières*), attendu que..... (*en donner sommairement le motif*), il a été exclu du concours, et le pli n° 2 par lui déposé lui a été remis immédiatement par M. le maire.

Les pièces produites par M. N....., soulevant des objections et exigeant une discussion particulière (*en donner le motif : par exemple, la solvabilité ou la validité de la caution*), nous nous sommes retiré dans une pièce voisine avec M. le maire et avec le chef du génie pour en délibérer.

A la rentrée dans la salle, M. le maire, qui avait précédemment fait connaître aux candidats la suspension de la séance publique, annonce que les pièces de M. N..... sont reconnues bonnes et valables (*ou bien :* irrégulières et insuffisantes), et qu'en conséquence, M. N..... est (*ou n'est pas*) admis au nombre des concurrents.

L'examen des plis n° 1 terminé, les plis n° 2 des concurrents (*ajouter :* restants, *quand il y a lieu*) ont été successivement ouverts par M. le maire, et les soumissions qu'ils renfermaient ont été immédiatement lues par nous, à haute voix.

Le dépouillement des soumissions a donné les résultats suivants :

NOMS ET PRÉNOMS DES CONCURRENTS.	OFFRES FAITES P. 0/0.		OBSERVATIONS.
	RABAIS.	SURENCHÈRES.	
N........................			
N........................			
N........................			
N........................			
N........................			
N........................			
N........................			

Toutes les soumissions étant régulières, et l'offre la plus avantageuse pour l'État, laquelle résulte du rabais de....... (*ou* la surenchère de.....), n'étant faite que par un seul concurrent, nous avons, de l'avis de M. le maire et de M. le chef du génie, déclaré M. N (1) ..... adjudicataire des travaux dépendant du service du génie dans la place d..... (*ajouter :* et dépendances, *s'il y a lieu*) pendant les exercices 18.., 18.., 18.., 18.., 18.. et 18.., moyennant ledit rabais de ..... (*ou* ladite surenchère de.....) (*en toutes lettres, puis en chiffres*) par lui offert (ou offerte).

1er CAS. Offres régulières non limitées ; la plus avantageuse est unique.

Séance tenante, M. N....., ayant présenté M. N..... (*nom et prénoms*) sa caution, nous avons donné lecture de l'engagement par lequel M. N..... (*la caution*) déclare avoir parfaite connaissance des obligations par lui contractées, et se soumettre, conjointement et solidairement avec M. N..... (*l'entrepreneur*), à l'entière et ponctuelle exécution de toutes les clauses et de toutes les conditions du marché qui vient d'être adjugé ; nous avons ensuite fait renouveler à M. N..... sa déclaration de servir de caution, et nous lui avons fait signer, ainsi qu'à M. N....., adjudicataire, le bordereau des prix et le cahier des charges, en les prévenant l'un et l'autre qu'aux termes de l'article..... du devis général, l'adjudication ne recevrait son effet qu'autant que le ministre de la guerre y donnerait son approbation.

Fait et clos à....., les jour, mois et an que dessus, le présent procès-verbal que M. le maire et M. le chef du génie, ainsi que M. N....., adjudicataire, et M. N....., caution, ont signé avec nous, après lecture, et dont la minute, accompagnée de la soumission de l'adjudicataire et de l'acte d'engagement de la caution, a été immédiatement remise à M. le maire, pour être déposée dans les archives de la mairie de cette ville.

(*Signatures.*)

2e CAS
Offres régulières limitées ; la plus avantageuse est unique et acceptable.

Toutes les soumissions étant régulières, et l'offre la plus avantageuse pour l'État, laquelle résulte du rabais de..... (*ou* de la surenchère de.....), n'étant faite que par un seul concurrent, et ne sortant pas de la limite des offres acceptables fixée par le ministre, ainsi que nous l'avons constaté avec M. le maire et avec le chef du génie, après l'ouverture faite par ce dernier, du pli cacheté contenant l'indication de cette limite, nous avons, de l'avis, etc. (*la suite comme au premier cas*).

3e CAS.
Offres régulières ; la plus avantageuse est faite par plusieurs concurrents.

Toutes les soumissions étant régulières, et l'offre la plus avantageuse pour l'État, laquelle résulte du rabais de...... (*ou* de la surenchère de.....), étant faite par.... (*mettre le nombre*) concurrents, nous en avons informé le public ; et M. le maire a invité ces concurrents, MM. N....., N....., N....., à remettre, séance tenante, de nouvelles soumissions cachetées contenant des offres de rabais sur leur première proposition ; une heure (*ou* une demi-heure *ou* un quart d'heure) leur a été accordé à cet effet.

A l'expiration de ce délai, annoncée par M. le maire, nous avons invité les concurrents ci-dessus désignés à remettre à ce magistrat les plis contenant les nouvelles offres. Cettre remise a été faite par chacun d'eux (*ou* par MM. N....., N.....).

Le dépouillement de ces soumissions, ouvertes par M. le maire, a donné les résultats suivants : (*continuer comme il est dit plus haut*).

4e CAS.
Offres régulières, mais toutes inacceptables.

Toutes les soumissions ont été reconnues régulières, mais M. le chef du génie, ayant déclaré que les offres faites ne sauraient être acceptées, attendu qu'aucune d'elles ne se trouve dans la limite fixée par le ministre de la guerre, nous avons invité les concurrents présents à remettre, séance tenante, de nouvelles soumissions....... (*continuer comme dans le cas précédent*).

[*Dans l'hypothèse d'insuccès, après une nouvelle épreuve, au besoin, on terminerait le procès-verbal en disant :* Aucune soumission n'étant acceptable, nous avons, de l'avis de M. le maire et de M. le chef du génie, déclaré qu'il n'y avait pas lieu d'adjuger le marché dont il s'agit; M. le maire a annoncé que la séance était levée.

Fait et clos à..... les jour, mois et an que dessus, le présent procès-verbal que M. le maire et M. le chef du génie ont signé avec nous, après lecture, et dont la minute, accompagnée des soumissions, a été immédiatement remise à M. le maire, pour être déposée dans les archives de la mairie de cette ville.]

(*Signatures.*)

5e CAS.
Il y a des soumissions non régulières.

La fraction de..... portée au rabais (*ou* à la surenchère) dans la soumission de M. N....., étant autre qu'une demi-unité, a été, aux termes de l'article 3 du devis général, remplacée par une demi-unité (*ou* par une unité), ce qui a réduit (*ou* porté) l'offre de M. N..... à..... p. o/o de rabais (*ou* de surenchère).

La soumission de M. N..... ne s'appliquant qu'à une partie des prix du bordereau, ceux qui concernent..... (la maçonnerie *ou* la charpente, *par exemple*), a été déclarée nulle et non avenue, et M. N.... exclu du concours, en vertu de l'article... du devis général.

(*Signaler de même les autres irrégularités et les exclusions en résultant.*

Dans le cas de réclamations, les constater, rappeler les explications données par le chef du génie et la détermination prise.)

Les incidents ci-dessus indiqués étant ainsi vidés, toutes les autres soumissions étant régulières, et l'offre la plus avantageuse pour l'État.... (*continuer alors comme il est dit ci-dessus, suivant le cas dans lequel on se trouve*).

DEVIS GÉNÉRAL

DES TRAVAUX DU SERVICE DU GÉNIE.

(Annexé à l'Instruction du 7 mai 1857, sur les marchés.)

CHAPITRE PREMIER.

ADJUDICATION. — DURÉE DU MARCHÉ. — CAUTIONNEMENT.

ARTICLE PREMIER.

Mode d'adjudication.

Les travaux du service du génie sont adjugés publiquement, sur soumissions cachetées, au lieu, au jour et à l'heure qui sont indiqués par les affiches.

ART. 2.

Conditions exigées des candidats.

Nul n'est admis à faire des soumissions :

1° S'il ne produit un acte de naissance constatant qu'il est Français, ou si, étant étranger, mais légalement domicilié en France, il n'est pourvu d'une autorisation délivrée par le ministre de la guerre;

2° S'il ne justifie de sa moralité et de sa solvabilité par un certificat du maire de la commune où il est domicilié : ce certificat doit faire connaître, en outre, le montant des fonds que le soumissionnaire peut affecter au service de l'entreprise;

3° S'il ne présente une caution personnelle pourvue d'un semblable certificat et produisant, de plus, un acte sur papier timbré par lequel elle s'engage solidairement avec le soumissionnaire. (Le modèle de cet acte est ci-joint sous le n° 1.)

Le montant total des fonds dont le soumissionnaire et sa caution réunis peuvent disposer pour faire face aux besoins courants de l'entreprise doit être au moins égal à celui que fixe le cahier des charges de la place.

4° Enfin s'il n'a obtenu du chef du génie, ou du directeur des fortifications, un certificat attestant qu'il possède une instruction, une expérience et une capacité suffisantes pour bien faire exécuter les travaux, et qu'à ce titre il est admis comme candidat.

Le cahier des charges de la place fait connaître s'il y a lieu d'exiger, en outre, un dépôt de garantie; et, dans le cas de l'affirmative, il précise le montant de ce dépôt.

Les femmes ne sont point admises à concourir, ni à servir de caution personnelle, non plus que les septuagénaires, ni tous ceux contre lesquels la contrainte par corps ne peut être exercée.

ART. 3.

Plis cachetés et soumission à produire.

Chaque candidat doit préparer, pour le jour de l'adjudication, deux plis cachetés et numérotés portant son nom sur l'enveloppe.

Le n° 1 contient les différentes pièces mentionnées à l'article qui précède.

Le n° 2 renferme seulement la soumission, laquelle doit être faite sur papier timbré, à peine d'encourir l'amende prononcée par la loi.

Dans cette soumission, conforme au modèle ci-annexé sous le n° 2, le candidat, après avoir déclaré connaître parfaitement les clauses du devis général, celles du cahier des charges de la place et les prix portés au bordereau, stipule un rabais ou une surenchère unique sur l'ensemble de ces prix, et non sur chacun d'eux en particulier, non plus que sur plusieurs d'entre eux réunis.

Ce rabais ou cette surenchère s'exprime par unités ou demi-unités pour cent : d'abord en toutes lettres, puis en chiffres entre parenthèses.

Si une fraction autre qu'un demi se trouvait dans une soumission, on la ramènerait à l'unité ou à la demi-unité, par l'addition dans le cas de surenchère, et par la soustraction dans le cas de rabais d'une quantité moindre qu'un demi.

ART. 4.

Séance d'adjudication.

La séance d'adjudication est tenue par le maire, par le chef du génie et par un fonctionnaire de l'intendance.

A l'ouverture de la séance, sont déposés sur le bureau :

Le devis général;

Le cahier des charges de la place;

Le bordereau des prix;

L'instruction spéciale sur les cautionnements à fournir par les entrepreneurs des travaux du service du génie, laquelle est annexée à l'instruction sur les marchés, en date du 7 mai 1857;

La liste des candidats reconnus, par le chef du génie ou par le directeur, comme ayant l'instruction, l'expérience et la capacité nécessaires;

Enfin, lorsqu'il y a lieu, dans un pli cacheté, une expédition ou une copie certifiée conforme de la décision ministérielle qui fixe la limite que, dans l'intérêt du Trésor, les offres des soumissionnaires ne doivent pas dépasser pour être acceptables.

Lecture faite de la liste des candidats, chacun d'eux remet immédiatement au maire les deux plis cachetés mentionnés à l'article ci-dessus, et déclare de vive voix avoir pris une parfaite connaissance du bordereau des prix, ainsi que des clauses et des conditions du marché.

Les pièces contenues sous chacun des plis n° 1 font d'abord l'objet d'une vérification de la part des fonctionnaires qui tiennent la séance.

Est exclu du concours tout candidat qui, avant le commencement du dépouillement, n'a pas déposé les deux plis exigés, ou dont les pièces renfermées sous le pli n° 1 ne sont pas jugées régulières. Dans ce dernier cas, toutes les pièces qui concernent ce candidat lui sont rendues immédiatement, y compris le pli n° 2 non décacheté.

Les soumissions des candidats qui ont été maintenus sont ensuite ouvertes et lues publiquement à haute voix; et celles qui ne contiennent pas les indications du modèle mentionné à l'article 3, ou dans lesquelles se trouvent soit des offres partielles, soit des conditions contraires, en totalité ou en partie, aux clauses du devis général, ou à celles du cahier des charges de la place, sont considérées comme nulles et non avenues, et leurs signataires sont rayés du nombre des concurrents. S'il n'a pas été fixé de limite aux rabais ou aux surenchères, celui des concurrents qui a fait l'offre la plus avantageuse est déclaré adjudicataire; si une limite existe, l'adjudication n'est prononcée qu'autant que l'offre satisfait à la condition de limite posée par le ministre.

Quand plusieurs concurrents se trouvent dans le cas d'avoir fait, à la fois, l'offre la plus avantageuse, ils sont admis, séance tenante, et avant l'ouverture du pli stipulant la limite des offres acceptables, à concourir entre eux par voie de soumissions cachetées, jusqu'à ce qu'un seul ait fait le rabais le plus fort, sur le montant de leur première offre.

Lorsque, d'après le dépouillement des soumissions déposées, il ne s'en trouve aucune dans la limite des offres acceptables, il peut être procédé, séance tenante, à une nouvelle tentative d'adjudication entre ceux des candidats présents dont les pièces renfermées dans le pli n° 1 ont été jugées régulières. Ces candidats sont alors admis, pour cet effet, à proposer, par écrit, sous un pli cacheté, des rabais sur leurs premières soumissions.

Toute difficulté qui survient pendant l'opération de l'adjudication est d'ailleurs examinée et vidée immédiatement, de concert, par les fonctionnaires qui tiennent la séance.

Enfin l'adjudicataire et sa caution sont dans l'obligation de signer, séance tenante, la minute du procès-verbal d'adjudication, le cahier des charges, et le bordereau des prix déposés sur le bureau; pièces que signent aussi les fonctionnaires ci-dessus désignés.

ART. 5.

Décision du ministre sur l'adjudication.

L'adjudication n'est valable et définitive qu'après avoir reçu l'approbation du ministre de la guerre, laquelle demeure expressément réservée.

ART. 6.

Frais

Tous les frais d'adjudication sont à la charge de l'entrepreneur, et doivent être payés immédiatement après la notification de la décision ministérielle qui a approuvé le marché.

d'adjudication, de timbre et d'enregistrement.

Les expéditions du bordereau des prix et du cahier des charges, nécessaires au service pendant la durée du marché, sont pareillement au compte de l'entrepreneur.

Dans les vingt jours qui suivent la notification de l'approbation ministérielle, l'entrepreneur est tenu de faire viser pour valoir timbre et de faire enregistrer à ses frais la minute du procès-verbal d'adjudication rédigée sur papier libre.

Les droits d'enregistrement de cette pièce sont fixés à 2 francs pour l'entrepreneur, et à 2 francs pour la caution, décimes en sus.

L'état approximatif des frais d'adjudication, d'expéditions, de timbre et d'enregistrement est consigné dans le cahier des charges de la place.

ART. 7.

Cas de non-approbation de l'adjudication.

Dans le cas où l'adjudication n'est pas approuvée par le ministre, l'adjudicataire n'a droit à aucune indemnité, et il n'a pas à acquitter les frais mentionnés à l'article qui précède.

ART. 8.

Durée du marché et des exercices qui s'y rapportent

Le marché approuvé par le ministre court à partir du commencement de l'année indiquée dans le cahier des charges de la place et embrasse les travaux de six exercices, sauf les exceptions prévues aux articles 12, 13, 46 et 57 ci-après.

La durée d'un exercice, en ce qui concerne l'exécution des travaux, peut se prolonger jusqu'au 1er février de l'année suivante.

ART. 9.

Cautionnement.

Lorsqu'il y a lieu d'exiger un cautionnement matériel, outre la caution personnelle, le cahier des charges de la place le fait connaître, et fixe en même temps le montant de ce cautionnement.

La caution personnelle et le cautionnement matériel sont soumis de tous points aux dispositions de l'instruction spéciale sur les cautionnements à fournir par les entrepreneurs des travaux du service du génie (annexée à l'instruction sur les marchés du 7 mai 1857) et à celles des articles 14, 43, 44, 45, 46, 47 et 48 du présent devis.

CHAPITRE II.

DISPOSITIONS CONCERNANT LE PERSONNEL DE L'ENTREPRISE.

ART. 10.

Entrepreneur unique.

Il n'est reconnu qu'un seul et unique entrepreneur pour tous les ouvrages et pour toutes les fournitures dont les prix sont portés au bordereau du marché.

Les prix du bordereau et les conditions du cahier des charges sont obligatoires et font loi pour lui.

Il ne peut transmettre ni à un associé, ni à un principal commis ou à toute autre personne, la gestion et l'exécution des travaux, sauf toutefois les cas de maladie ou de force majeure dûment constatés.

Dans ces cas, le suppléant ne peut entrer en fonctions qu'autant qu'il est agréé par le directeur, sur la proposition du chef du génie, et qu'il justifie des pouvoirs qui lui sont donnés par l'entrepreneur. Le suppléant est alors soumis aux mêmes obligations personnelles que l'entrepreneur; ce dernier et sa caution restent néanmoins responsables de la bonne exécution des ouvrages.

L'entrepreneur peut, d'ailleurs, déléguer un ou plusieurs de ses commis agréés par le chef du génie, pour la prise des attachements, des métrés et des pesées, ainsi que pour la signature des inscriptions sur les carnets et les registres.

Enfin l'entrepreneur ne peut sous-traiter, pour aucune espèce de travaux dépendant de son marché, qu'avec le consentement du chef du génie : dans tous les cas, ses obligations et sa responsabilité, ainsi que celle de sa caution, restent les mêmes.

ART. 11.

Résidence de l'entrepreneur.

Pendant toute la durée du marché, l'entrepreneur est tenu de faire sa résidence habituelle dans la place que le marché concerne; et il est réputé y avoir élu son domicile pour tout ce qui a trait à son entreprise.

Il ne peut s'absenter, même pour les affaires de son service, sans l'agrément du chef du génie; et, toutes les fois qu'il en reçoit l'ordre de cet officier, il doit se présenter au bureau du génie, ou se rendre sur les ateliers.

Si le même marché concerne plusieurs localités, l'entrepreneur doit résider dans celle que lui désigne le cahier des charges, et avoir, en outre, sur les points où cela est jugé indispensable, un principal commis ou suppléant, soumis à cet effet aux dispositions du 3e paragraphe de l'article 10.

ART. 12.

Cas de prolongation des fonctions de l'entrepreneur.

Lorsque, à l'époque fixée pour l'expiration du marché, une nouvelle adjudication n'a pas été passée, ou quand, à cette époque, le nouveau marché n'a pas encore reçu l'approbation du ministre, l'entrepreneur sortant est tenu, s'il en est requis, de continuer son service, au plus, jusqu'au 1er avril suivant, mais seulement pour l'exécution des travaux de réparation ou d'entretien; ces travaux lui sont payés d'après le marché qui expire. Par exception, toutefois, s'il vient à obtenir la nouvelle entreprise, leur payement a lieu aux prix et aux conditions du nouveau marché.

ART. 13.

Cas de mort de l'entrepreneur.

Si l'entrepreneur vient à décéder, le marché est résilié de plein droit, trois mois après le décès, à moins que le ministre ne consente, sur la demande des héritiers, à le laisser continuer, en leur nom, par un fondé de pouvoir.

ART. 14.

Devoirs personnels de la caution.

La caution personnelle, solidairement responsable des engagements que l'entrepreneur a contractés, doit veiller à ce qu'il exécute exactement et loyalement les conditions du marché.

Si les travaux sont mal conduits, par suite de mauvais vouloir, de négligence ou d'impuissance, le ministre peut exiger que la caution se mette au lieu et place de l'entrepreneur, pour l'exécution de la totalité ou d'une partie des ouvrages. (Voir le chapitre V, ci-après.)

Si le chef du génie le prescrit, cette caution doit alors fournir un principal commis dûment agréé; faute de quoi, cet officier en désigne un d'office au compte de l'entreprise.

ART. 15.

Agents et moyens de l'entreprise.

L'entrepreneur est tenu d'avoir un nombre suffisant de commis, de bons appareilleurs, de maîtres ouvriers et de piqueurs intelligents, qui soient en état de l'aider dans l'organisation des ateliers, ainsi que dans la conduite des travaux; il doit également avoir des ouvriers et des moyens de transport en assez grand nombre, pour pouvoir procéder activement à l'exécution des ouvrages en saison convenable et sans interruption.

ART. 16.

Payement des ouvriers.

Tous les quinze jours au moins, l'entrepreneur doit payer intégralement ce qui est dû aux ouvriers : il ne peut, nonobstant tout usage contraire, exercer des retenues sur les salaires dont il est convenu avec eux, si ce n'est en cas d'oppositions, ou pour se rembourser des avances qu'il leur aurait faites.

Les payements sont individuels, et se font les dimanches et les jours de fêtes pendant la matinée, ou les jours de travail aux heures de repos.

ART. 17.

Ouvriers militaires employés à l'exécution des travaux.

Les soldats et les prisonniers de guerre, ainsi que les condamnés militaires, peuvent être employés par ordre à l'exécution des travaux :

Au compte de l'État, par motif d'économie ou d'urgence d'exécution, notamment quand il y a insuffisance d'ouvriers civils dans la localité;

Au compte de l'entrepreneur, lorsque, faute par celui-ci d'avoir réuni le nombre de travailleurs nécessaires, le chef du génie lui impose des ouvriers militaires, afin que les travaux puissent être terminés en temps utile.

Les ouvriers militaires employés par ordre donnent lieu à des dispositions spéciales qui font l'objet des articles 25 et 51 ci-après.

L'entrepreneur peut, d'ailleurs, employer à son compte, avec l'assentiment du chef du génie, les ouvriers militaires avec lesquels il a passé des conventions particulières, autorisées par le chef du corps auquel ces militaires appartiennent; mais, dans ce cas, ces ouvriers sont assimilés de tous points, sur les ateliers, aux travailleurs civils.

ART. 18.

Réquisition d'ouvriers.

Lorsque des travaux indispensables exigent la plus grande célérité, et que les ouvriers de l'entrepreneur, joints aux travailleurs que la garnison peut fournir, sont insuffisants, les autorités civiles, sur la réquisition du chef du génie ou du directeur des fortifications, doivent, conformément à la loi du 10 juillet 1791, article 24 du titre VI, employer tous les moyens légalement praticables, qui sont en leur pouvoir, pour procurer le supplément d'ouvriers nécessaires; ces autorités fixent en même temps les salaires de ces ouvriers, dont le payement peut alors donner lieu à l'établissement d'une régie sur la demande de l'entrepreneur, si le directeur le juge équitable.

ART. 19.

Police des travaux.

Les commis, les maîtres ouvriers, les piqueurs et les ouvriers de toute espèce, sont soumis, sur les ateliers, à la police des agents militaires, et, dans les cas graves motivant l'arrestation d'aucuns d'eux, ils sont remis entre les mains de l'autorité judiciaire, conformément aux dispositions des articles 22 et 23 du titre VI de la loi du 10 juillet 1791.

Le chef du génie peut, dans tous les cas, ordonner le renvoi immédiat de ceux qui ne sont pas de bonne conduite sur les ateliers, qui manquent d'assiduité au travail, qui sont peu propres à l'ouvrage auquel ils sont employés, ou qui donnent lieu à des plaintes.

Aucun ouvrier, les manœuvres exceptés, ne peut être renvoyé des ateliers sans le consentement du chef du génie.

ART. 20.

Difficultés entre l'entrepreneur, ses agents et ses ouvriers.

Dans le cas où l'entrepreneur, ses agents ou ses ouvriers ont des difficultés les uns à l'égard des autres, au sujet de salaires ou de travaux relatifs au marché, ils sont tenus, avant d'avoir recours aux tribunaux, d'en référer au chef du génie, qui les concilie, s'il le peut.

ART. 21.

Ouvriers blessés sur les travaux.

Le directeur des fortifications peut, sur la proposition du chef du génie, solliciter du ministre, en faveur d'ouvriers ou d'employés blessés sur les travaux, un secours en rapport avec le temps pendant lequel ils se sont trouvés dans l'impossibilité de travailler.

Il peut également demander des secours en faveur des familles nécessiteuses d'ouvriers tués sur les travaux ou morts des suites des blessures qu'ils y auraient reçues.

L'entrepreneur reste, d'ailleurs, responsable vis-à-vis des ouvriers ou des familles des accidents qui lui seraient imputables par suite de négligence ou de toute autre cause.

CHAPITRE III.

DISPOSITIONS CONCERNANT LE MATÉRIEL DE L'ENTREPRISE.

ART. 22.

Reprise des matériaux que l'entrepreneur sortant a approvisionnés par ordre

L'entrepreneur entrant est tenu de prendre de l'entrepreneur sortant, et de payer comptant aux prix de l'ancien bordereau, ou de gré à gré, si ce bordereau ne les mentionne pas, les matériaux approvisionnés par ordre pour les travaux de la place et acceptés par les officiers du génie, à moins qu'ils ne soient au-dessus des besoins présumés de la nouvelle entreprise; auquel cas, le département de la guerre fait l'acquisition de tout ce qui dépasse ces besoins.

L'état de ces matériaux, indiquant leur valeur, est annexé au cahier des charges concernant le nouveau marché.

ART. 23.

Matériel de la nouvelle entreprise.

Sont au compte de l'entrepreneur : les magasins dont il peut avoir besoin pour remiser son matériel; les hangars nécessaires pour la confection des mortiers et des bétons; les baraques d'ouvriers, les échafaudages, les étançons et les rampes; les ponts de service, les planches de roulage, les machines, les engins, les outils, les voitures, les chevaux, les waggons, les brouettes et les autres moyens de transport; les jalons, les niveaux, les voyants et les piquets; les mètres et les autres mesures; les balances et leurs poids; les règles, les cordeaux, les équerres d'arpenteur et autres; les sondes, les maillets et les marteaux; les tringles et les lattes à profiler; les modèles, les panneaux et les clous, et généralement tout ce qui est jugé nécessaire par le chef du génie, tant pour le tracé, le nivellement, le profilement et le métré des ouvrages, que pour la bonne et la prompte exécution des travaux.

La reprise de ce matériel à l'expiration du marché n'est obligatoire ni pour l'État, ni pour l'entrepreneur entrant, qui reste, d'ailleurs, libre d'en faire l'objet d'un arrangement de gré à gré avec l'entrepreneur sortant.

ART. 24.

Approvisionnements.

Dès que l'entrepreneur a été informé des ouvrages qui sont à exécuter dans l'année, il doit faire tous les approvisionnements nécessaires pour que les travaux, une fois commencés, n'éprouvent pas d'interruption et soient terminés dans le temps prescrit.

Il n'est déposé sur les ateliers que les matériaux à employer dans les travaux de l'entreprise : ces matériaux ne peuvent être mis en œuvre qu'après avoir été acceptés par les officiers du génie, et, une fois acceptés, ils ne peuvent plus être enlevés qu'avec le consentement du chef du génie : ils doivent tous être de la meilleure qualité dans l'espèce commandée : s'il s'en trouve qui ne satisfassent pas à cette condition ou aux clauses particulières du cahier des charges, l'entrepreneur doit les faire enlever immédiatement, et, s'il en a déjà été employé, il est tenu de défaire l'ouvrage et de le rétablir à ses frais, avec d'autres matériaux.

Le chef du génie fixe le délai dans lequel doivent être enlevés les matériaux rebutés, et, faute par l'entrepreneur d'avoir obtempéré à cette sommation dans le délai voulu, il peut les faire transporter partout où il le juge convenable, les faire, au besoin, déposer sur un terrain pris à cet effet en location, et même les faire jeter dans les remblais, le tout aux frais de l'entrepreneur, et sans que ce dernier puisse élever aucune réclamation.

C'est à l'entrepreneur seul qu'incombent toutes les mesures à prendre et toutes les dépenses à faire pour la conservation des matériaux par lui approvisionnés pour les besoins de son entreprise, et susceptibles de se détériorer, par une cause quelconque, avant leur mise en œuvre.

Les matériaux que l'entrepreneur a approvisionnés par ordre, et qui ne trouvent pas leur emploi pendant la durée du marché, sont, après avoir été acceptés par un officier du génie, achetés par le nouvel entrepreneur ou par l'État aux prix du marché qui expire, à moins que l'entrepreneur sortant ne les réserve pour son usage, avec le consentement du chef du génie : dans ce cas, cet entrepreneur est dans l'obligation de les faire enlever immédiatement. Ne sont, d'ailleurs, considérés comme approvisionnés par ordre, que les matériaux rendus sur les ateliers ou dans les magasins de l'entreprise avant l'expiration du marché.

ART. 25.

Outils à fournir aux ouvriers militaires employés par ordre.

L'entrepreneur est tenu, quand il en est requis par le chef du génie, de fournir aux ouvriers militaires employés par ordre, et d'entretenir en bon état, les outils, les machines, les engins et les agrès de toute espèce qui leur sont nécessaires : il lui est alloué, à cet effet, un prix de location que fixe le bordereau, et qui est passible du rabais ou de la surenchère comme les autres prix.

ART. 26.

Emploi

L'entrepreneur est tenu, quand il en reçoit l'ordre, d'employer dans les travaux les matériaux appartenant à l'État, de préférence à ceux qu'il a en approvisionnement : il est responsable de ces matériaux dès qu'ils lui ont été livrés, et il doit remplacer à ses frais ceux qui ont été détériorés par sa faute ou par celle de ses agents.

de matériaux à l'État.

Les prix portés au bordereau pour les ouvrages exécutés en matériaux appartenant à l'État supposent ces matériaux rendus à pied d'œuvre.

Sont réputés à pied d'œuvre les matériaux qui ne se trouvent pas à plus de deux relais de trente mètres du pied de la construction.

ART. 27.

Prêts de locaux ou de terrains à l'entrepreneur.

L'État ne prête de locaux ou de terrains pour les besoins de l'entreprise qu'autant que le cahier des charges de la place l'admet exceptionnellement et précise les locaux et les terrains à prêter.

Dans ce cas, le prêt a toujours lieu à charge d'entretien et d'évacuation sans indemnité à la première réquisition du chef du génie, quand les besoins du service viennent à l'exiger.

L'entrepreneur répond de l'incendie des bâtiments qui lui sont prêtés, à moins qu'il ne prouve que l'incendie est arrivé par cas fortuit ou force majeure, ou par vice de construction, ou que le feu a été communiqué par une maison voisine.

Un état des lieux, descriptif de ces locaux et de ces terrains, est dressé par la garde du génie, vérifié et signé par l'entrepreneur, et visé par le chef du génie; aucun changement ne peut y être apporté sans la permission, par écrit, du chef du génie, et, si l'entrepreneur en a fait, il est tenu, dès que cet officier le prescrit, de faire rétablir les lieux dans leur état primitif.

A l'expiration du marché, l'entrepreneur doit évacuer les locaux et les terrains de l'État dont il dispose, y faire réparer les dégradations provenant de son fait ou de celui de ses agents, et remettre le tout au service du génie : faute par lui d'avoir complétement satisfait à ces dispositions, il est procédé d'office à leur exécution, sur l'ordre du chef du génie et par les moyens que cet officier indique.

ART. 28.

Prêts d'outils à l'entrepreneur.

En cas d'urgence, il peut être prêté à l'entrepreneur, sur son récépissé, des outils appartenant à l'État, s'il en existe de disponibles dans les magasins du génie. Dans ce cas, l'entretien de ces outils est à la charge de l'entrepreneur, auquel il est fait, en outre, sur la dépense des travaux, calculée aux prix du bordereau, une déduction établie d'après un prix d'estimation pour location, arrêté de concert entre lui et le chef du génie, et approuvé par le directeur.

ART. 29.

Indemnité aux locataires des terrains militaires.

Lorsque l'exécution des travaux oblige de traverser des terrains militaires amodiés, ou d'occuper temporairement ces terrains par des dépôts de matériaux ou des ateliers, l'État prend à sa charge les indemnités à payer aux fermiers pour les dommages qui leur sont causés. Dans ce cas, le chef du génie précise la position et l'étendue des passages et des emplacements dont l'entrepreneur peut faire usage; et, si ce dernier dépasse les limites indiquées, les dommages qui en résultent sont mis à son compte.

ART. 30.

Mesures de voirie et de police.

L'entrepreneur est tenu d'établir, sans avoir droit à une indemnité, des clôtures provisoires sur la voie publique, aux abords de ses chantiers, lorsque cette mesure est jugée nécessaire par l'autorité civile, comme aussi de prendre à ses frais toutes les dispositions que prescrivent les règlements de police et de voirie.

CHAPITRE IV.

EXÉCUTION ET GARANTIE DES OUVRAGES.

ART. 31.

Ordres à l'entrepreneur.

Les ordres et les instructions donnés par le chef du génie à l'entrepreneur, pour tout ce qui concerne le service de l'entreprise et l'exécution des travaux, sont inscrits sur un registre établi à cet effet, coté et parafé par le directeur des fortifications, et déposé au bureau du génie de la place.

L'entrepreneur est tenu de prendre connaissance des ordres inscrits sur ce registre, aussi souvent qu'il est nécessaire, et de signer au-dessous de chaque inscription.

La simple inscription d'un ordre sur le registre équivaut d'ailleurs à la notification de cet ordre à l'entrepreneur, à la date de la signature du chef du génie.

ART. 32.

Attachements à prendre.

Aucun ouvrage ne doit être exécuté sans que les cotes de niveau, les mesures des dimensions et les autres indications nécessaires aux métrés, surtout celles que l'exécution des travaux doit faire disparaître, n'aient été relevées par l'officier chargé de l'atelier, en présence de l'entrepreneur, rapportées avec leur date sur le registre d'attachement ouvert à cet effet, et signées par cet officier et par l'entrepreneur. Ce registre est coté et parafé par le directeur des fortifications et déposé au bureau du génie de la place.

ART. 33.

Règles à suivre dans l'exécution des travaux.

L'entrepreneur est tenu, pendant la durée de son marché, de faire exécuter, aux prix du bordereau, tous les travaux du service du génie qui lui sont ordonnés, tant dans la place que dans ses dépendances, quels que soient les fonds sur lesquels ces travaux doivent être payés.

Il est dans l'obligation de se conformer aux instructions des officiers du génie pour la marche à suivre dans l'exécution des travaux, pour l'importance des moyens à employer en hommes, en machines et en matériaux, et pour l'emplacement des dépôts d'approvisionnements.

Il ne peut arrêter ni modifier la distribution sur les ateliers des commis, des maîtres ouvriers et des piqueurs, sans le consentement du chef du génie.

Il doit faire exécuter les travaux avec tout le soin possible, suivant les règles de l'art, sans jamais donner les maçonneries à faire à la tâche, et en se conformant aux conditions du devis général et à celles du cahier des charges.

Il est tenu, dans l'exécution des ouvrages, de suivre exactement les plans, les profils, les élévations, les dimensions, les cotes, les pentes et les alignements qui lui seront donnés par les officiers du génie.

Enfin il doit rendre les ouvrages faits et parfaits aux époques qui lui sont fixées par le registre d'ordres.

L'entrepreneur est dans l'obligation de faire démolir immédiatement, à ses frais, les ouvrages ou les parties d'ouvrages qui sont mal construits, ou, suivant ce qui a déjà été dit, dans lesquels on a employé de mauvais matériaux.

Doivent être également démolis ou rebutés les ouvrages qui, quoique bien construits, ont des dimensions différentes de celles qui avaient été ordonnées, ainsi que ceux qui ont été exécutés en y faisant entrer des matériaux autres que ceux qui avaient été désignés, à moins, toutefois, que le chef du génie ne reconnaisse que la faute commise est sans inconvénient; dans ce dernier cas, les ouvrages dont les dimensions sont plus fortes que celles qui avaient été prescrites, et ceux dont la qualité est supérieure à ce que portaient les commandes, ne sont inscrits et payés que suivant les dimensions ou les qualités ordonnées, tandis qu'on inscrit et qu'on ne paye, au contraire, qu'en raison de leurs dimensions et de leurs qualités effectives, les ouvrages dont les dimensions ou les qualités sont inférieures à celles qui avaient été fixées.

Enfin, lorsque le chef du génie présume qu'il existe, dans un ouvrage ou dans une partie d'ouvrage, des vices d'exécution ou des matériaux défectueux qu'on ne peut découvrir à la simple vue, il peut, soit pendant la durée même des travaux, soit ultérieurement, jusqu'à l'expiration du délai de garantie, ordonner la démolition et la reconstruction de cet ouvrage ou de cette partie d'ouvrage. Les dépenses résultant de cette opération sont à la charge de l'entrepreneur, toutes les fois que la démolition ordonnée fait découvrir des vices de construction ou des matériaux défectueux; elles sont au compte de l'État dans le cas contraire.

Les réclamations auxquelles pourrait donner lieu, de la part de l'entrepreneur, l'application des dispositions qui précèdent, sont réglées conformément aux dispositions de l'article 59 ci-après.

ART. 34.

Travaux de démolition.

L'entrepreneur doit faire exécuter les travaux de démolition avec soin et de façon à assurer la conservation des matériaux qui en proviennent : il est tenu de remplacer à ses frais ceux de ces matériaux qui sont brisés ou détériorés par la faute de ses ouvriers.

ART. 35.

Ouvrages non compris au bordereau.

Lorsque, dans le courant du marché, il y a lieu d'exécuter des ouvrages, de fournir des objets ou d'employer des journées dont les prix ne figurent pas au bordereau, l'État se réserve la faculté de traiter pour ces ouvrages, pour ces fournitures et pour ces journées, avec d'autres qu'avec l'entrepreneur; toutefois, à égalité d'offre, ce dernier obtient la préférence. Dans ce cas, il est payé, suivant les circonstances, comme il est expliqué aux articles suivants : à l'estimation, à la journée ou à forfait.

ART. 36.

Ouvrages à l'estimation.

Les ouvrages à l'estimation sont ceux dont les prix, non prévus au bordereau, se règlent à l'avance, entre le chef du génie et l'entrepreneur, par unité d'objet, de mesure ou de poids, au moyen d'une analyse basée sur des résultats d'expérience et sur les prix courants de la localité.

Les prix d'estimation sont calculés de manière à pouvoir subir, comme ceux du bordereau, le rabais ou la surenchère résultant de l'adjudication; ils ne sont valables qu'après avoir été approuvés par le directeur; et, quand ils sont convenus pour toute la durée du marché, ils sont inscrits à la suite du bordereau avec un numéro d'ordre; en outre, si dans le même cas ils ont été l'objet de quelques conditions particulières, ces conditions sont ajoutées au cahier des charges.

ART. 37.

Ouvrages à l'économie ou à la journée.

Les ouvrages à l'économie ou à la journée sont ceux qui, n'ayant pas de prix au bordereau, s'exécutent au moyen d'ouvriers dont les journées sont payées à l'entrepreneur aux prix du marché ou à prix convenus.

ART. 38.

Ouvrages à forfait.

Les ouvrages à forfait ne diffèrent des ouvrages à l'estimation qu'en ce que les prix non prévus au bordereau sont arrêtés en bloc. Ce mode de payement n'est d'ailleurs admissible que lorsqu'il est impossible d'établir un détail d'analyse, et que, de plus, le chef du génie ne juge pas qu'il soit dans l'intérêt de l'État d'avoir recours à l'exécution du travail à la journée.

Les prix à forfait doivent être établis de manière à être passibles du rabais ou de la surenchère résultant de l'adjudication; et, comme ceux à l'estimation, ils ne sont valables qu'après avoir reçu l'approbation du directeur.

ART. 39.

Interdiction de faire travailler les dimanches et les jours fériés.

Aucun travail n'a lieu sur les ateliers les dimanches et les jours fériés, à moins que, pour cause d'urgence ou toute autre circonstance exceptionnelle, le chef du génie ne le prescrive ou ne l'autorise.

ART. 40.

Travaux non terminés avant la mauvaise saison.

Toutes les fois que, par suite de la lenteur apportée dans l'exécution des travaux, les ouvrages n'ont pas été, avant l'arrivée de la mauvaise saison, terminés ou amenés au degré d'avancement prescrit, les mesures de précaution à prendre pour les mettre à l'abri des rigueurs de l'hiver tombent à la charge de l'entrepreneur, qui demeure, en outre, responsable des dommages résultant de la non-exécution des ordres du chef du génie.

Quand, au contraire, les ordres de cet officier ont été ponctuellement exécutés, les mesures de précaution à prendre sont au compte de l'État, ainsi que les travaux qui seraient à faire pour réparer les dégradations que ces précautions seraient impuissantes à empêcher, sauf toutefois le cas où il y aurait vice d'exécution ou emploi de matériaux défectueux.

ART. 41.

Enlèvement des échafaudages, des ponts de service, des décombres, etc.

Après l'achèvement de chaque ouvrage exécuté aux prix du marché, l'entrepreneur est tenu de faire enlever, à ses frais, les échafaudages, les ponts et les rampes de service, et généralement tout ce qui a servi à l'exécution des travaux.

Il doit pareillement faire, à son compte, enlever et transporter les décombres aux endroits qui lui sont désignés, boucher les trous d'échafaudages, combler les rigoles, les puisards, les fosses à chaux, etc., et faire partout place nette.

Quand il s'agit de démolitions ou d'ouvrages exécutés à l'économie, au compte de l'État, l'enlèvement des décombres et celui des échafaudages qui ont été spécialement établis pour ces démolitions ou ces ouvrages, incombent au département de la guerre.

ART. 42.

Objets d'ameublement, de serrurerie et autres.

Dans la confection des ouvrages d'ameublement ou de serrurerie, des outils, des ustensiles et des autres objets analogues, l'entrepreneur est tenu de suivre exactement les modèles qui lui sont fournis par l'État et sont déposés dans les magasins du génie. Toute pièce non conforme à ces modèles peut être rejetée.

L'entrepreneur est tenu, en outre, de faire marquer à ses frais, avec un fer chaud, des lettres G M, et au besoin du millésime de l'année de la confection, tous ceux des meubles, des outils, des ustensiles et des autres objets qu'il livre, et pour lesquels le chef du génie juge que cette mesure peut être utile.

Les marques sont fournies par l'État et déposées au bureau du génie; elles ne sont jamais appliquées avant la réception des objets par un officier,

ART. 43.

Garantie des ouvrages.

L'entrepreneur garantit pendant dix ans, suivant les règles du droit commun, les gros ouvrages qu'il fait exécuter : il garantit les autres pendant un an, à partir du jour de la clôture des travaux de l'exercice.

Toutefois, les dégradations ou les avaries dues, soit à la nature du sol, soit à une cause de force majeure, ne sont au compte de l'entrepreneur qu'autant qu'il est prouvé qu'il s'est écarté d'une façon préjudiciable des ordres qu'il avait reçus, ou qu'il y a eu mal-façon ou emploi de mauvais matériaux.

CHAPITRE V.

DISPOSITIONS SPÉCIALES CONCERNANT LES TRAVAUX EN RETARD DU FAIT DE L'ENTREPRENEUR.

ART. 44.

Notifications et sommations.

Lorsque des travaux ne sont point entrepris à l'époque fixée, qu'ils languissent ou qu'ils sont suspendus, et qu'on peut craindre que leur exécution ne soit pas terminée à l'époque prescrite, le directeur fait notifier à l'entrepreneur et à sa caution d'avoir à leur imprimer l'activité nécessaire.

Si, nonobstant cette notification, les travaux ordonnés restent en souffrance par impuissance, mauvaise volonté ou négligence de l'entrepreneur, constatée par un rapport du chef du génie approuvé par le directeur, le ministre peut, soit prononcer la résiliation immédiate du marché, soit en exiger la continuation par la caution.

Si le directeur n'approuve pas le rapport du chef du génie, ou si le ministre ne juge pas qu'on doive résilier le marché, le chef du génie fait ou fait faire à la caution, sommation de se charger de leur exécution, conformément aux dispositions de l'article 14 du présent devis.

ART. 45.

Mise en régie ou passation d'un marché d'urgence.

Si la caution n'obtempère pas à cette sommation, ou si, après y avoir obtempéré, les travaux ne sont pas conduits convenablement, le directeur prononce la mise en régie, soit de la totalité des travaux, soit seulement d'une partie, suivant les circonstances. Le ministre peut, en outre, ordonner la passation d'un marché d'urgence aux risques et périls de l'entrepreneur et de sa caution.

Dès que la mise en régie ou la passation du marché a été signifiée à l'entrepreneur et à sa caution, il leur est interdit d'intervenir danslexécution des travaux qui en sont l'objet.

Un procès-verbal détaillé de l'état d'avancement de ces travaux, ainsi que de la situation des ateliers, de la nature, de la quantité et de la qualité des matériaux approvisionnés, est immédiatement dressé par le sous-intendant militaire, en présence du maire, du chef du génie et du gérant. Sommation d'assister à l'opération est faite à l'entrepreneur évincé et à sa caution, qui peuvent d'ailleurs, l'un et l'autre, consigner leurs observations au procès-verbal.

Quand la mise en régie ou la passation du marché d'urgence est prononcée, l'entrepreneur évincé est tenu de remettre, sur l'ordre du chef du génie, les locaux et les terrains qui lui ont été prêtés. Faute par lui de le faire, il devient responsable des conséquences, et il est procédé d'office, à ses frais, à la reprise des lieux nonobstant toute opposition.

ART. 46.

Durée de la régie ou du marché d'urgence.

Quand la régie embrasse la totalité des travaux ordonnés, elle a généralement pour durée celle de l'exercice que les travaux concernent. Toutefois le ministre peut décider qu'elle courra jusqu'à la fin de l'entreprise; il peut aussi prononcer la résiliation du marché pour les exercices suivants.

Quand la régie est partielle, elle n'a que la durée qui est nécessaire pour faire face aux besoins des services en souffrance.

ART. 47.

Effets de la régie ou du marché d'urgence.

Les travaux mis en régie sont exécutés, suivant les circonstances, d'après des marchés particuliers, passés à bref délai, ou au moyen d'achats directs et d'ouvriers travaillant à la journée, sans que l'entrepreneur évincé, ni sa caution, puissent, dans aucun cas, intervenir ni élever aucune réclamation sur le mode adopté.

Il en est de même pour le cas du marché d'urgence.

Les dépenses faites sont à la charge de l'entrepreneur évincé et de sa caution personnelle, qui sont tenus de les acquitter sans aucun retard. En cas de refus de leur part, le directeur les fait payer sous la réserve, contre les réclamations, des peines mentionnées à l'article 48 ci-dessous, et l'État se fait rembourser de ses avances, tant au moyen de la retenue opérée sur le montant des travaux précédemment faits par l'entrepreneur, que par la saisie du cautionnement matériel au besoin, sans préjudice d'ailleurs, si ces ressources ne suffisaient pas, du droit qu'a le département de la guerre, suivant les règles du droit commun, d'exercer contre l'entrepreneur et contre sa caution toutes les poursuites nécessaires, même par la voie de la contrainte par corps, en vertu de l'article 19 de la loi du 17 avril 1832.

Lorsque le compte des travaux exécutés en régie, ou en vertu du marché d'urgence, accuse une dépense plus forte que celle qui serait résultée de l'application du prix du bordereau et des conditions de l'entreprise, l'excédant de dépense tombe tout entier à la charge de l'entrepreneur évincé et de sa caution; si, au contraire, la dépense est moindre, la différence profite à l'État.

ART. 48.

Peines dont l'entrepreneur et sa caution sont passibles en cas de mauvais vouloir ou de négligence.

L'entrepreneur est passible des peines d'emprisonnement et d'amende prononcées par les articles 430 et suivants du Code pénal si, par mauvais vouloir, il fait manquer les travaux ou les fournitures dont il est chargé; si, par négligence, il occasionne des retards préjudiciables à leur exécution et à leur livraison, ou s'il se rend coupable de fraudes, soit sur la nature, sur la qualité ou sur la quantité des travaux faits ou de choses fournies, soit sur leur main-d'œuvre.

Il en est de même pour la caution, lorsqu'elle a été mise en demeure de se charger de l'exécution des travaux (1).

---

(1) D'après cet article 430 : « Tout entrepreneur ou tout agent de l'entrepreneur qui, sans y avoir été contraint par une force majeure, fait manquer le service des travaux militaires, peut être condamné à la peine de la reclusion et au payement d'une amende qui ne peut être au-dessous de 500 francs, le tout sans préjudice de peines plus fortes en cas d'intelligence avec l'ennemi.

« Dans le cas de simple négligence ayant amené le retard des travaux, et dans celui

CHAPITRE VI.

MESURAGES, COMPTABILITÉ ET PAYEMENTS.

ART. 49.

Mesurages et pesées.

Tous les ouvrages prévus au bordereau sont payés à l'entrepreneur, à la mesure, au poids ou à la pièce, aux prix qui y sont portés pour chaque unité, sous les seules exceptions qui peuvent résulter des conditions du marché et notamment de l'emploi, par ordre, d'ouvriers militaires sur les travaux, suivant ce qui est dit à l'article 51 ci-après.

Les officiers font les mesurages ainsi que les pesées. L'entrepreneur est tenu d'y assister à l'heure qui lui a été assignée, faute de quoi il peut être passé outre; et si les mesures ou les pesées qui ont été prises ne sont plus susceptibles de vérification, les inscriptions faites par l'officier chargé de l'atelier deviennent obligatoires pour l'entrepreneur.

Aucun objet, payé au poids, ne peut être mis en place qu'après avoir été pesé; et dans le cas où cette formalité n'est pas remplie, l'entrepreneur est tenu de déplacer l'objet à ses frais, ou de s'en rapporter à l'appréciation de poids faite par le chef du génie.

Les mesurages sont faits en embrassant des parties d'ouvrages aussi grandes qu'il est possible, et ceux qui n'ont pour objet que de régler le payement des ouvriers regardent uniquement l'entrepreneur.

ART. 50.

Dépenses acquittées sur feuilles de payement.

Dans le cas de travaux ou de fournitures non prévues au bordereau des prix et à faire par d'autres que par l'entrepreneur, ce

---

où il y a eu fraude sur la nature, la qualité ou la quantité des choses fournies, des ouvrages faits ou de la main-d'œuvre employée, les coupables peuvent être punis d'un emprisonnement de six mois à cinq ans, et d'une amende de 100 francs au moins, sans préjudice d'ailleurs pour l'État des démolitions ordonnées.

« Les poursuites ne peuvent avoir lieu par les autorités judiciaires que sur la dénonciation du ministre de la guerre. »

dernier est tenu, quand il en reçoit l'ordre du chef du génie, de faire les démarches nécessaires pour procurer les ouvriers ou les fournisseurs dont on a besoin, et ultérieurement d'acquitter, sans aucun retard, le montant de ces travaux et de ces fournitures sur la production de feuilles de dépense ou de payement visées à cet effet par le chef du génie.

L'État se charge toujours de se procurer et de payer directement les ouvriers et les fournisseurs, quand le total de la dépense doit excéder 500 francs.

Dans les autres cas, lorsque l'entrepreneur intervient, il est dans l'obligation, avant d'effectuer le payement des feuilles de dépense, de s'assurer, sous sa responsabilité :

1° Que l'arrêté de la dépense à payer est mis en toutes lettres;

2° Que la partie prenante n'est l'objet d'aucune saisie-arrêt ni d'aucune opposition, au bureau du conservateur des oppositions à Paris, pour les payements que doit effectuer la caisse du payeur central du Trésor public, et à la caisse du payeur du département pour ceux qui sont l'objet de mandats ou d'ordonnances délivrées sur cette caisse;

3° Que l'acquit est donné par la personne même désignée sur la feuille par ses héritiers ou ayants cause, ou par son fondé de pouvoir; dans ces deux derniers cas, la feuille de payement doit être accompagnée des pièces notariées qui constatent les droits des héritiers ou ayants cause, ou d'une expédition de la procuration consentie par le titulaire.

En cas de doutes ou de difficultés, l'entrepreneur doit surseoir au payement et prendre les instructions du chef du génie.

Les feuilles de dépense ne sont portées en compte qu'après qu'elles ont reçu l'acquit des parties prenantes, et que l'entrepreneur a signé le certificat apposé à la fin de chaque feuille, attestant que les payements ont été effectués par lui.

Il est alloué à l'entrepreneur, sur le montant des feuilles de dépense qu'il paye, une indemnité de 2 p. 0/0 pour rémunération de ses peines.

ART. 51.

Dépenses

Les sommes dues aux soldats et aux prisonniers de guerre, ainsi qu'aux condamnés militaires employés par ordre sur les travaux, sont payées au conseil d'administration des corps auxquels ils appartiennent, ou aux chefs de détachement.

de travaux faits par des ouvriers militaires employés par ordre.

Lorsque ces payements ne donnent pas lieu à des mandats du directeur, l'entrepreneur est tenu de les effectuer sur la production d'états d'émargement dressés par l'officier du génie, chef d'atelier, visés par le chef du génie, et signés par la partie prenante.

Si les ouvriers militaires travaillant par ordre sont au compte de l'État, le montant de la feuille d'émargement acquittée par l'entrepreneur est porté dans le compte de ce dernier avec l'addition d'une indemnité de 2 p. o/o. Il est tenu compte, en outre, à l'entrepreneur, aux prix du bordereau ou à l'estimation, des fournitures de matériaux ou autres objets qu'il reçoit l'ordre de faire aux ouvriers militaires.

Si ces ouvriers sont employés par ordre au compte de l'entrepreneur dans des travaux qui doivent être payés à ce dernier à la journée, le montant de la feuille d'émargement est porté en compte à l'entrepreneur sans l'addition d'aucun bénéfice ni indemnité.

Enfin, si des ouvriers militaires, travaillant par ordre au compte de l'entrepreneur, sont employés à des ouvrages qui doivent être payés au mètre à ce dernier, on porte en compte à l'entrepreneur, outre le montant de la feuille d'émargement, sans l'addition d'aucune indemnité, la dépense de l'ouvrage résultant de l'application du prix du bordereau, comme si cet ouvrage avait été fait par des ouvriers civils; mais on déduit de la somme ainsi calculée autant de fois les 3/5 (1) du prix d'une journée d'ouvrier civil, qu'il a été employé de journées d'ouvriers militaires.

ART. 52.

Inscriptions des dépenses.

Les inscriptions destinées à établir les sommes dues à l'entrepreneur sont faites sur des carnets, relevées sur un registre de comptabilité, et reproduites dans des comptes d'exercice.

---

(1) Cette fraction des 3/5 provient de ce fait d'expérience que, pour un même nombre d'heures, le travail de l'ouvrier militaire n'équivaut, en main-d'œuvre, qu'aux 3/5 de celui de l'ouvrier civil.

Les dimensions, les poids, les surfaces et les produits résultant d'applications de prix, de surenchères, de rabais, d'indemnité ou de bénéfice, sont inscrits avec deux décimales, les volumes avec trois. La dernière décimale à conserver est augmentée d'une unité quand la première de celles qu'on néglige est égale ou supérieure à cinq.

Les erreurs commises dans les inscriptions sont toujours corrigées ostensiblement et approuvées au-dessus de la signature ou en marge; elles ne doivent jamais être grattées ni surchargées.

ART. 53.

Carnets.

Tous les éléments de dépense, tels que journées, mesurages, pesées avec les numéros du bordereau qui leur correspondent, et avec ceux des articles et des sections que les ouvrages concernent, sont, ainsi que les dépenses acquittées sur des feuilles de payement, portés, par ordre de dates et sans lacunes, sur des carnets cotés et parafés par le chef du génie ou par le directeur, et tenus par les officiers chargés des ateliers : ces carnets sont arrêtés aux époques fixées par les instructions, et signés par l'entrepreneur après chaque arrêté.

ART. 54.

Registre de comptabilité.

Les inscriptions faites sur les carnets sont, après chaque arrêté, relevées par article et par section d'ouvrage, par les soins du chef du génie, sur un registre coté et parafé par le directeur, et conservé au bureau du génie de la place. On y porte d'abord les travaux exécutés aux prix du bordereau ou à l'estimation, en leur faisant l'application de ces prix, et on inscrit ensuite les dépenses acquittées sur feuilles de payement.

Ce registre est arrêté par article et par section, et signé par l'entrepreneur après chaque arrêté, ainsi qu'à la récapitulation finale, aux époques fixées par les instructions.

L'entrepreneur peut toujours faire prendre copie du registre de comptabilité déposé au bureau du génie.

ART. 55.

Comptes d'exercices.

Les comptes d'exercice se composent de règlements généraux et définitifs des travaux et de comptes sommaires.

Les règlements généraux et définitifs reproduisent, par article et par section d'ouvrage, les inscriptions consignées sur le registre de comptabilité, mais en supprimant les éléments de détail et en groupant, pour chaque article et pour chaque section séparément, les quantités de même nature et au même prix, ainsi que les dépenses acquittées sur feuilles de payement : ils sont arrêtés et signés par articles, ainsi qu'à la récapitulation finale.

Les comptes sommaires sont le résumé succinct des règlements généraux et définitifs; ils reproduisent sommairement la dépense de chaque article et de chaque section, et ils donnent le relevé détaillé des mandats d'à-compte délivrés à l'entrepreneur dans le courant de l'exercice, ainsi que l'indication des sommes qui lui restent dues pour parfait payement. L'arrêté qui constate ce résultat est signé par l'entrepreneur et par le chef du génie.

Les règlements généraux et définitifs et les comptes sommaires sont dressés par les soins du chef du génie, mais l'entrepreneur est tenu de fournir, à ses frais, trois copies des uns et des autres, plus une expédition ou un extrait du bordereau des prix. Ces copies sont faites sur papier libre, à l'exception d'une expédition du compte sommaire, qui doit être sur papier timbré.

Les comptes d'exercices ne sont définitifs qu'après leur approbation par le ministre de la guerre.

ART. 56.

Payement des sommes dues à l'entrepreneur.

L'entrepreneur est payé des sommes qui lui sont dues au moyen d'à-compte, dans le courant de l'année, et d'un solde final, après la liquidation, par le ministre, des comptes de l'exercice.

Les à-compte ne peuvent jamais excéder les cinq sixièmes de la dépense effective, s'il s'agit de travaux faits sur les fonds du service ordinaire; et les onze douzièmes dans le cas de travaux exécutés sur les crédits du service extraordinaire.

L'entrepreneur est tenu de se mettre, au besoin, en avance, dans le courant de l'année, d'un sixième des fonds accordés pour l'exercice, quand il s'agit des travaux de la première catégorie, et d'un douzième pour ceux de la seconde.

Les approvisionnements faits par l'entrepreneur pour l'exécution des travaux ne comptent pas dans l'évaluation de la dépense effective, même quand ils sont rendus sur les ateliers, à moins que l'entrepreneur ne les ait faits par ordre, pour le compte de l'État, et qu'ils n'aient été, en outre, acceptés par un officier du génie.

Les payements sont faits à l'entrepreneur au moyen de mandats timbrés à ses frais, au prix de 35 centimes, que lui délivre le directeur à mesure de l'avancement des ouvrages, et dont il donne récépissé au chef du génie sur le registre de comptabilité. Ces mandats ne sont payables que jusqu'au 30 juin de la seconde année de l'exercice à la caisse du payeur, et jusqu'au 20 du même mois dans les autres caisses; ceux qui n'ont pas été acquittés à cette époque sont annulés. Le ministre peut d'ailleurs ordonnancer directement les dépenses que ces mandats ont pour objet, pourvu que la demande lui en soit faite à temps.

Les ordonnances ministérielles de payement peuvent être émises jusqu'au 31 juillet de la seconde année de l'exercice; elles doivent être présentées au Trésor, au plus tard le 31 août, à la caisse du payeur, et le 20 du même mois aux autres caisses. Passé ce délai les sommes qui n'ont pas été payées ne peuvent plus l'être que par rappel sur les exercices clos.

Dans le cas de saisies-arrêts ou oppositions sur les sommes mandatées ou ordonnancées, ces sommes sont versées par le payeur à la caisse des dépôts et consignations, et ce versement libère le département de la guerre vis-à-vis de l'entrepreneur.

CHAPITRE VII.

CAS DE RÉSILIATION DU MARCHÉ, INDEMNITÉS, RÉCLAMATIONS.

ART. 57.

Résiliation du marché.

Le marché peut être résilié, à l'expiration du premier ternaire, soit par l'entrepreneur, soit par le ministre, à la seule condition de prévenir par écrit six mois à l'avance, c'est-à-dire avant le 1er juillet de la 3e année.

En outre, le ministre a le droit de résilier le marché :

1° Lorsque l'entrepreneur n'a pas fourni son cautionnement à l'expiration du délai fixé, ou qu'en cas de mort de la caution, il n'en a pas fait agréer une autre dans le délai de trois mois; le tout conformément à ce qui est dit à cet égard dans l'instruction sur les cautionnements à fournir par les entrepreneurs des travaux du service du génie, annexée à l'instruction sur les marchés du 7 mai 1857;

2° Quand l'entrepreneur ne satisfait pas aux obligations personnelles que lui imposent les articles 10 et 11 du présent devis, conformément à ce qui est dit dans ces articles;

3° Dans les cas de travaux en retard, tels qu'ils sont prévus au chapitre V du présent devis.

La résiliation résulte de plein droit de la mort de l'entrepreneur, sauf le cas exceptionnel prévu à l'article 13 du chapitre II ci-dessus.

Enfin, elle est accordée immédiatement à l'entrepreneur qui la demande, lorsque la place menacée d'hostilités est déclarée en état de guerre : elle est la conséquence du seul fait de la déclaration de l'état de siége due à la présence de l'ennemi.

Dans les cas de résiliation autres que ceux qui tiennent à l'état de guerre, à l'état de siége ou à la mise en régie, l'entrepreneur, ses héritiers ou sa caution, sont tenus, sur la réquisition du chef du génie, inscrite sur le registre d'ordres, d'assurer le service aux clauses et conditions de l'entreprise, au delà du jour où la résiliation est prononcée, pendant un temps qui ne peut excéder trois mois.

La déclaration de résiliation est constatée, pour l'entrepreneur, par la lettre qu'il adresse, à cet effet, au ministre, et qu'il remet au chef du génie, lequel en donne immédiatement récépissé; et, pour le département de la guerre, par la transcription sur le registre d'ordres de la décision ministérielle qui prononce la résiliation.

ART. 58.

Il est alloué à l'entrepreneur une indemnité pour les droits nouveaux de douane, d'octroi et autres, établis, pendant la durée du marché, sur les matériaux employés dans l'exécution des travaux ordonnés. Ne sont point considérés comme droits nouveaux les variations de taux dans les droits déjà existants. Indemnités.

Si, pendant la construction d'un ouvrage, des changements de nature à causer préjudice aux intérêts de l'entrepreneur étaient ordonnés, il recevrait une indemnité dans laquelle on tiendrait compte, aux prix du marché, des sommes dues pour les travaux faits et de celles qui résulteraient des changements prescrits : elle ne pourrait, dans aucun cas, être basée sur les éventualités de bénéfice que l'entrepreneur aurait pu réaliser, si ces changements n'avaient pas eu lieu.

Dans le cas de suppression de droits de douanes, d'octroi ou autres, les prix du bordereau concernant les matériaux ou autres objets soumis à ces droits, ainsi que ceux des ouvrages dans lesquels entrent ces matériaux ou objets, seront réduits, soit au moyen d'une convention amiable approuvée par le ministre, soit d'après des expertises contradictoires approuvées de la même manière.

Il n'est dû à l'entrepreneur aucune indemnité, ni pour le droit de patente auquel il est assujetti par la loi, ni pour les constructions, les changements ou les suppressions d'ouvrages, de canaux, de routes, de chemins, etc., qui surviendraient pendant la durée du marché, et qui nuiraient à ses transports, à la facilité du débarquement de ses matériaux ou à la marche de ses usines; ni, enfin, pour aucun cas autre que ceux qui sont spécifiés dans le devis général ou dans le cahier des charges : mais, dans les circonstances exceptionnelles, telles que celles qui résultent de la déclaration de l'état de guerre ou de l'état de siége, le ministre se réserve d'accorder, s'il y a lieu, des dédommagements à l'entrepreneur.

ART. 59.

Réclamations.

En cas de difficultés concernant soit l'exécution des travaux, soit l'application des prix du bordereau, soit l'observation des clauses et des conditions du marché, si l'entrepreneur n'accepte pas la solution donnée par le chef du génie, il en réfère au directeur.

La décision du directeur est immédiatement exécutoire par provision : mais l'entrepreneur est libre alors d'en appeler au ministre de la guerre; dans ce dernier cas, si la décision a pour effet de faire disparaître le point matériel de la difficulté, la situation de l'état des choses ou des lieux doit être préalablement constatée par un procès-verbal dressé par le sous-intendant militaire, de concert avec le maire et avec le chef du génie, l'entrepreneur présent ou dûment appelé.

Enfin, ce n'est que dans le cas où sa réclamation n'est pas admise par le ministre, que l'entrepreneur peut déférer le litige, par la voie contentieuse, au conseil de préfecture, sauf recours au conseil d'État.

Toute réclamation relative à des travaux ou à des dépenses de l'entreprise qui n'aurait pas été présentée dans les six mois qui suivent la date de l'arrêté du règlement général et définitif des travaux de l'exercice, est frappée de déchéance. La réclamation n'a d'ailleurs un caractère officiel que quand elle est écrite et signée.

Sont en outre prescrites et définitivement éteintes au profit de l'État, sans préjudice des autres déchéances consenties par le marché, toutes les créances produites par l'entrepreneur qui, n'ayant pas été acquittées avant la clôture des crédits de l'exercice auquel elles appartiennent, n'ont pas, à défaut de justification suffisante, été liquidées, ordonnancées et payées dans un délai de cinq années, à partir de l'ouverture de l'exercice pour les créanciers domiciliés en Europe, et de six années pour les créanciers résidant hors du territoire européen. Toutefois, cette disposition n'est point applicable aux créances dont l'ordonnancement et le payement n'ont pu être effectués dans les délais déterminés par le fait de l'administration ou par suite de pourvois formés devant le conseil d'État.

Quant aux réclamations des fournisseurs, des sous-traitants et des autres préposés ou agents de l'entrepreneur, en payement de dépenses pour travaux, fournitures ou livraisons qu'ils ont faits pour le service de l'entreprise, le chef du génie n'intervient que comme arbitre, et le directeur ou le ministre de la guerre que pour viser les pièces que les réclamants croient devoir présenter, à l'effet de donner par là une date certaine à leurs réclamations, et de s'assurer pour le payement de leurs créances par l'entrepreneur, le privilége mentionné à l'article 13 de l'instruction sur les cautionnements à fournir par les entrepreneurs des travaux du service du génie, annexée à l'instruction sur les marchés du 7 mai 1857.

Ce privilége ne peut d'ailleurs s'exercer, en ce qui concerne le cautionnement, que dans la forme indiquée dans l'instruction précitée sur les cautionnements et, à l'égard des sommes que le département de la guerre peut devoir à l'entrepreneur, que par la production devant les tribunaux des pièces visées, et par opposition signifiée et reçue au bureau des oppositions à Paris, pour les payements qui s'effectuent à la caisse centrale, et aux caisses des payeurs, pour les payements à opérer dans les départements. Les oppositions faites à toute autre personne, et notamment au ministre de la guerre et aux agents militaires, sont considérées comme nulles et non avenues.

Approuvé, le 7 mai 1857.

Le Maréchal de France,
Ministre Secrétaire d'État de la guerre,

VAILLANT.

[MODÈLE N° 1.]

ENGAGEMENT DE LA CAUTION.

Je soussigne (noms, prénoms et qualités) affirme avoir pris une parfaite connaissance de tous les prix du bordereau et de toutes les clauses et conditions du devis général, et du cahier des charges du marché des ouvrages du service du génie, à exécuter dans la place de (ajouter et ses dépendances, quand il y a lieu), pendant les exercices 18 , 18 , 18 , 18 , 18 , 18 et 18 ; je déclare me rendre caution du sieur *N* (noms et prénoms), pour le cas où il serait reconnu adjudicataire; et je m'engage, à cet effet, conjointement et solidairement avec lui, à l'entière et ponctuelle exécution de toutes les clauses et de toutes les conditions dudit marché.

En foi de quoi, j'ai apposé ma signature sur le présent engagement.

A , le 18 .

N.

NOTA. Si la caution n'écrit pas l'engagement, elle doit l'approuver elle-même au-dessus de sa signature.

L'engagement doit être écrit sur papier timbré, à peine d'encourir l'amende prononcée par la loi.

[MODÈLE N° 2.]

SOUMISSION.

Je soussigné (noms, prénoms et qualités) déclare avoir pris une parfaite connaissance de tous les prix du bordereau et de toutes les clauses et conditions du devis général, et du cahier des charges du marché des ouvrages du service du génie, à exécuter dans la place de (ajouter et dépendances, quand il y a lieu), pendant les années 18 , 18 , 18 , 18 , 18 et 18 ; et je m'engage à faire exécuter loyalement ces ouvrages, en me conformant, de tous points, aux clauses et aux conditions dudit marché; le tout moyennant un rabais (ou une surenchère) sur l'ensemble des prix du bordereau de pour cent (p. o/o). (spécifier l'offre d'abord en toutes lettres, puis en chiffres, en n'employant que la demi-unité pour fraction (1).

En foi de quoi, j'ai apposé ma signature sur la présente soumission.

A , le 18 .

N.

NOTA. La soumission doit être faite sur papier timbré, à peine d'encourir l'amende prononcée par la loi.

Elle ne doit stipuler aucune condition de nature à modifier ou à annuler les clauses du devis général ou celles du cahier des charges, à peine de nullité.

---

(1) EXEMPLE : Trois et demi pour cent (3 1/2 p. o/o).

GÉNIE.

PLACE
D
et
DÉPENDANCES
(s'il y a lieu).

[Modèle n° 3.]

DIRECTION d

CAHIER DES CHARGES

Imposées à l'adjudicataire des travaux du service du génie à exécuter dans la place d (ajouter et dépendances, s'il y a lieu), *pendant les exercices 18 , 18 et 18* .

CHAPITRE PREMIER.

DISPOSITIONS GÉNÉRALES.

ARTICLE PREMIER.

Devis général.

Les conditions du devis général arrêté par le ministre de la guerre, le 7 mai 1857, sont obligatoires pour l'adjudicataire des travaux du service du génie de la place de (ajouter : et dépendances, s'il y a lieu), pendant les exercices 18 , 18 , 18 , 18 , 18 et 18 (1).

ART. 2.

Le montant total des fonds, dont le soumissionnaire et sa caution réunis doivent pouvoir disposer pour faire face aux besoins courants de l'entreprise et aux avances concernant les travaux, est fixé à la somme de mille francs au moins (la spécifier en toutes lettres).

(1) Dans le cas où le ministre aurait apporté quelques modifications au devis général, on ajouterait à la fin de l'article : *sauf toutefois les additions et les modifications suivantes*, additions et modifications que l'on spécifierait ensuite.

ART. 3 (s'il y a lieu).

Cautionnement matériel.

L'adjudicataire est tenu de fournir en garantie de son entreprise, outre une caution personnelle, un cautionnement matériel de la valeur de mille francs (la spécifier en toutes lettres), et de se conformer entièrement, à cet égard, à l'instruction sur les cautionnements à fournir par les entrepreneurs du service du génie, annexée à l'instruction sur les marchés du 7 mai 1857.

ART. 4 (s'il y a lieu).

Dépôt de garantie.

Tout candidat pour être admis à l'adjudication devra produire un récépissé constatant qu'il a versé à la caisse des dépôts et consignations, en garantie de la réalisation ultérieure du cautionnement matériel, une somme de (la spécifier en toutes lettres).

Ce dépôt sera, d'ailleurs, soumis aux dispositions de l'instruction précitée sur les cautionnements.

ART. 5.

Frais d'adjudication, de timbre, d'enregistrement, etc.

Les frais d'adjudication, de timbre, d'enregistrement et autres, à la charge de l'entrepreneur, peuvent être évalués approximativement comme il suit :

Affiches, publications (et insertions, s'il y a lieu) dans les journaux de la localité et autres. . . . .

Exemplaires du cahier des charges. . . . .

Exemplaires du bordereau des prix. . . . .

Timbre et enregistrement de la minute du procès-verbal d'adjudication. . . . .

Exemplaires de ce procès-verbal. . . . .

TOTAL. . . . .

Il est bien entendu, en outre, que l'entrepreneur supportera la dépense des expéditions qui lui seront nécessaires, tant en ce qui concerne le cahier des charges et le bordereau des prix, qu'à l'égard du procès-verbal d'adjudication. Il lui sera seulement remis sans frais exemplaires imprimés du devis général (en spécifier le nombre).

ART. 6 (s'il y a lieu).

L'entrepreneur entrant sera tenu de reprendre de l'entrepreneur sortant les matériaux approvisionnés par ordre, d'une valeur de (la donner en toutes lettres), et dont le détail est consigné sur l'état ci-annexé.

Matériaux à reprendre de l'ancien entrepreneur.

ART. 7 (s'il y a lieu).

Il pourra être exceptionnellement prêté à l'entrepreneur, sur sa demande, aux clauses et aux conditions du devis général, les bâtiments et les terrains suivants.......................................

Locaux et terrains à l'État à prêter à l'entrepreneur.

ART. 8.

....

CHAPITRE II.

JOURNÉES.

....

CHAPITRE III.

OUVRAGES DE TERRASSEMENTS.

....

etc., etc.

INSTRUCTION

SUR

LES CAUTIONNEMENTS A FOURNIR

PAR

LES ENTREPRENEURS DES TRAVAUX DU SERVICE DU GÉNIE

(Annexée à l'Instruction du 7 mai 1857 sur les marchés).

ARTICLE PREMIER.

Objet des cautionnements et des dépôts de garantie.

Les garanties que le département de la guerre exige des entrepreneurs des travaux militaires sont : le cautionnement personnel et le cautionnement matériel.

Le cautionnement personnel est celui par lequel un tiers se porte garant des obligations d'un entrepreneur, sans l'affectation d'aucun gage.

Le cautionnement matériel est celui par lequel un entrepreneur, ou un tiers en son nom, affecte un bien, meuble ou immeuble, dont il est propriétaire, en garantie de l'exécution des clauses et des conditions d'un marché.

Quelquefois, pour assurer le versement ultérieur du cautionnement matériel, on exige, des concurrents à une adjudication, un dépôt de garantie.

ART. 2.

Cautionnements à exiger suivant les cas.

Dans les cas de travaux peu importants, il n'est exigé de l'entrepreneur en titre qu'une caution personnelle.

Si les travaux sont importants, l'entrepreneur est tenu à la fois à une caution personnelle et à un cautionnement matériel.

La caution personnelle suffit pour les marchés qui sont à passer d'urgence, à l'effet d'assurer la construction des ouvrages : 1° dans le cas de l'inexécution des travaux par l'entrepreneur en titre ou par sa caution; 2° dans les circonstances extraordinaires qui ne permettent pas de se procurer d'autres sûretés.

Quant aux marchés particuliers, il n'est exigé de cautionnement que lorsqu'ils ont quelque importance : ce cautionnement peut être, d'ailleurs, personnel ou matériel suivant les circonstances.

Le cahier des charges fait connaître, dans chaque cas, la nature du cautionnement à fournir; et, quand il y a lieu, le montant du cautionnement matériel, et celui du dépôt de garantie.

ART. 3.

Des cautions personnelles et de leurs obligations.

Les cautions personnelles sont garantes des diverses obligations imposées à l'entrepreneur; et si celui-ci y manque, elles sont tenues de les remplir. En conséquence, elles s'engagent solidairement avec lui et de la même manière; mention expresse de cette circonstance doit être consignée dans le procès-verbal d'adjudication, ou dans le marché de gré à gré; et ce procès-verbal ou ce marché doit être signé par la caution. Dans le cas où cette formalité a été omise, il est dressé, pour y suppléer, un acte distinct, passible des droits de timbre et d'enregistrement sur la minute aux frais de l'entrepreneur; cet acte est fait au même nombre d'expéditions que le procès-verbal ou le marché pour y rester annexé, et l'une des expéditions est envoyée au ministre.

Dans le cas où la caution meurt ou devient insolvable, l'entrepreneur est tenu d'en présenter une autre, bonne et valable, et de la faire agréer, par le chef du génie, dans le délai de trois mois; faute de quoi le ministre de la guerre est en droit de prononcer la résiliation immédiate du marché et d'en passer un autre, aux risques et périls de l'entrepreneur retardataire.

Les obligations de la caution ont la même durée que les engagements de l'entrepreneur. Toutefois, quand ce dernier vient à décéder pendant la durée du marché, la caution n'est tenue à l'exécution des travaux qui restent à faire que pendant les trois mois qui suivent le décès; le tout sans préjudice, d'ailleurs, du délai de garantie mentionné à l'article 10 ci-après.

Les cautions personnelles qui n'assurent pas le service à défaut de l'entrepreneur sont passibles, comme ce dernier, des dispositions des articles 430 et suivants du Code pénal (1).

La loi du 17 avril 1832 autorise, en outre, la contrainte par corps contre l'entrepreneur ou contre la caution qu serait déclarée déibteur par suite de son entreprise ou de sa gestion, ou qui, ayant reçu des matériaux ou des effets mobiliers appartenant à l'État, ne les représenterait pas ou ne justifierait pas de l'emploi qui lui aurait été prescrit.

Les femmes ne sont point admises comme cautions personnelles, non plus que les septuagénaires, ni tous ceux contre lesquels la contrainte par corps ne peut être exercée.

ART. 4.

Des cautionnements matériels; en quoi ils consistent.

Lorsqu'il y a lieu d'exiger un cautionnement matériel, le montant en est fixé : pour les marchés généraux, par le ministre; et pour les marchés particuliers, par le directeur des fortifications, sauf approbation ministérielle ultérieure.

Le cautionnement peut être constitué en numéraire, en inscriptions de rentes nominatives sur l'État, ou en immeubles, et même en plusieurs de ces valeurs à la fois.

Le cautionnement matériel est donné en garantie de toutes les obligations contractées par l'entrepreneur pour les faits de l'entreprise. Cette garantie constitue un privilége de premier ordre; d'abord au profit de l'État, ensuite en faveur des fournisseurs et

(1) Ces dispositions sont les suivantes :

« Tout entrepreneur et tout agent de l'entrepreneur qui, sans y avoir été contraint par une force majeure, fait manquer le service des travaux militaires, peut être condamné à la peine de la reclusion et au payement d'une amende qui ne peut être au-dessous de 500 francs; le tout sans préjudice de peines plus fortes, en cas d'intelligence avec l'ennemi.

« Dans le cas de simple négligence ayant amené le retard des travaux, et dans celui où il y a eu fraude sur la nature, la qualité ou la quantité des choses fournies, des ouvrages faits ou de la main-d'œuvre employée, les coupables peuvent être punis d'un emprisonnement de six mois à cinq ans, et d'une amende de 100 francs au moins, sans préjudice d'ailleurs pour l'État, des démolitions ordonnées.

« Les poursuites ne peuvent avoir lieu par les autorités judiciaires que sur la dénonciation du ministre de la guerre. »

des autres agents de l'entrepreneur qui remplissent les formalités spécifiées à l'article 13, ci-après. Ce privilége passe avant celui de second ordre accordé aux tiers qui auraient fourni le cautionnement.

ART. 5.

Délai dans lequel doit se faire la réalisation des cautionnements matériels.

A la réception de l'avis qui lui est donné de l'approbation de son marché par le ministre de la guerre, l'entrepreneur remet au chef du génie, pour être immédiatement transmise au ministre par le directeur, la déclaration écrite de la nature des valeurs au moyen desquelles il a l'intention de réaliser son cautionnement.

Il est tenu de remplir toutes les formalités exigées pour cette réalisation, dans le délai de trois mois, à partir du jour de l'avis qui lui est donné de l'approbation du marché, à moins que le ministre ne juge convenable de proroger ce délai.

Tout entrepreneur qui n'a pas réalisé son cautionnement à l'expiration du délai fixé perd, par cela seul, son dépôt de garantie s'il en a été exigé un; et le ministre de la guerre se réserve, en outre, le droit de prononcer la résiliation immédiate du marché, et d'en passer un autre aux risques et périls de l'entrepreneur retardataire.

A moins d'une décision contraire du ministre, il ne peut être d'ailleurs payé aucun à-compte sur les dépenses faites, aussi longtemps que l'entrepreneur n'a pas justifié de la réalisation de son cautionnement.

ART. 6.

Réalisation des cautionnements en numéraire.

Les cautionnements en numéraire sont versés :

A Paris, à la caisse des dépôts et consignations ;

Dans les départements, entre les mains des receveurs généraux ou particuliers des finances, agissant comme préposés de cette caisse;

En Algérie, aux caisses des trésoriers payeurs; ou s'ils ne résident pas dans la localité, à celle des préposés payeurs.

Les cautionnements doivent être reçus sur la simple production d'un extrait du marché dûment certifié par le directeur des fortifications, et faisant connaître le chiffre et l'objet du cautionnement à fournir, ainsi que le nom de l'entrepreneur.

Le versement est précédé d'une déclaration faite par l'entrepreneur sur le registre spécial des déclarations de consignations à l'effet de spécifier l'objet du versement, ainsi que la nature, l'étendue et la durée de la garantie qu'il a pour but d'assurer, tant à l'État qu'aux fournisseurs et autres agents de l'entrepreneur, dans l'exécution des conditions du devis général et des clauses du cahier des charges. Le versement est constaté par un récépissé qui forme titre définitif, et reste entre les mains de celui qui a fourni le cautionnement.

Aussitôt après le versement, l'entrepreneur doit remettre au chef du génie une copie dûment certifiée par le consignataire de la déclaration de consignation. Cette pièce est transmise sans retard au ministre de la guerre, par l'intermédiaire du directeur.

Lorsque le cautionnement en numéraire est fourni par des tiers, les bailleurs de fonds peuvent faire constater les droits de privilége de second ordre que la loi leur accorde, dans les déclarations mêmes de consignation, qu'ils doivent signer alors avec l'entrepreneur; s'ils omettent d'accomplir cette formalité, ils ne peuvent plus y suppléer que par la signification extra-judiciaire, aux préposés qui ont reçu le cautionnement, d'un acte notarié conforme au modèle annexé au décret du 22 décembre 1812. (Ce modèle est ci-annexé sous le n° 1.)

L'entrepreneur ou ses bailleurs de fonds ont droit aux intérêts de la somme versée, à raison de 3 pour cent, à partir du soixante-et-unième jour de la consignation. Ces intérêts sont réglés le 31 décembre de chaque année et payés par les préposés de la caisse des dépôts et consignations entre les mains desquels le versement a été opéré.

Les oppositions sur les cautionnements en numéraire sont faites, soit entre les mains des préposés de la caisse des dépôts et consignations qui ont reçu le versement, soit au greffe du tribunal civil dans le ressort duquel l'entrepreneur doit exécuter les travaux. Dans ce dernier cas, elles doivent, pour pouvoir affecter les intérêts, être notifiées aux préposés de cette caisse par ceux qui les ont formées.

ART. 7.

Réalisation des cautionnements en inscriptions de rentes nominatives sur l'État.

Les inscriptions de rentes nominatives sur le grand-livre de la dette publique doivent être déposées dans les bureaux de l'agent judiciaire du Trésor, et affectées par un acte spécial sous seing privé au cautionnement stipulé.

Lorsque le propriétaire des inscriptions n'a pas son domicile à Paris, ou quand, par une cause quelconque, il ne peut souscrire l'acte dont il s'agit, il doit, par une procuration, mettre à sa place un mandataire qui soit domicilié à Paris, ou qui y fasse élection de domicile.

Dans cet acte ou dans cette procuration (modèle ci-joint sous le n° 2) il déclare consentir:

1° Que ledit dépôt réponde des engagements auxquels il a été affecté;

2° Qu'il soit grevé d'une opposition à la requête du Trésor;

3° Que dans le cas où pour inexécution des conventions, ou pour toute autre cause relative aux motifs du cautionnement, l'entrepreneur serait constitué en débet envers le ministère de la guerre, le produit résultant de la vente de la totalité ou d'une partie desdites inscriptions soit versé au Trésor jusqu'à due concurrence;

4° Qu'à cet effet, vingt jours après la sommation d'acquitter, faite au débiteur, à son domicile, s'il en a un à Paris, ou à son fondé de pouvoirs au domicile que ce dernier y aura élu, et après une décision du ministre des finances, les inscriptions, faute de payement, soient vendues en totalité ou en partie, dans la forme usitée, et que le transfert en soit fait par l'agent judiciaire du Trésor, auquel le pouvoir nécessaire est donné à cet effet; et le tout sans que le département de la guerre soit obligé de faire aucune suite ni diligence, et sans qu'il soit besoin d'employer pour cela aucune formalité de justice.

Cet acte est fait en deux expéditions, dont une pour celui qui fournit le cautionnement, ou pour son fondé de pouvoirs, et une autre pour l'agent judiciaire du Trésor, qui informe le ministre de la guerre de la réalisation du cautionnement.

Le propriétaire des rentes déposées, ou son représentant, se pourvoit ensuite près du ministre des finances, à l'effet d'obtenir un titre au moyen duquel il puisse toucher les intérêts des inscriptions aux époques d'échéance.

A moins qu'il n'intervienne des dispositions contraires, les rentes de 4 1/2 p. o/o et 4 p. o/o seront reçues au pair, et les rentes 3 p. o/o au capital de 75 francs.

ART. 8.

Réalisation des cautionnements en immeubles.

Le cautionnement en immeubles consiste dans l'hypothèque que le propriétaire d'un ou de plusieurs immeubles donne pour sûreté de toutes les obligations contractées par l'entrepreneur en souscrivant son marché : il se consomme par un acte notarié, en vertu duquel l'inscription hypothécaire est requise, au profit du Gouvernement, sur les immeubles désignés dans l'acte pour cette affectation.

Ne sont admis en cautionnement que les immeubles situés dans les divisions territoriales de l'intérieur et assurés contre l'incendie : leur propriétaire est tenu, en même temps, de transporter à l'État, à titre de conservation du cautionnement, l'indemnité qui serait due en cas de sinistre.

Dans le département de la Seine, les actes de cautionnement sont reçus par le notaire du ministère de la guerre, qui donne aux propriétaires des immeubles tous les renseignements nécessaires à cet effet, fait prendre les inscriptions hypothécaires et transmet toutes les pièces au ministre de le guerre.

Dans les autres départements, ces actes sont reçus par le notaire choisi par le propriétaire des immeubles. Ce notaire est tenu de se conformer exactement, dans la passation de chacun des actes dont il s'agit, aux dispositions des articles 30 et suivants du règlement du 15 novembre 1822 sur les cautionnements des entrepreneurs et comptables de la guerre. L'acte ainsi passé est adressé, dans les vingt-quatre heures, à la diligence du notaire ou du propriétaire des immeubles, au préfet du département où le marché a été passé, avec toutes les pièces justificatives à l'appui; et ce fonctionnaire soumet le tout à l'examen du conseil de préfecture, qui discute la validité de chaque pièce, et, au besoin, fait faire, par le préfet, à ce propriétaire injonction de fournir d'autres pièces.

Une fois que les pièces ont été reconnues valides, si les immeubles hypothéqués sont situés dans le département, le préfet procède immédiatement à la prise de l'inscription hypothécaire au profit du Gouvernement, et adresse au ministre de la guerre, avec le procès-verbal de la délibération du conseil de préfecture, l'acte de cautionnement appuyé des diverses pièces justificatives, du bordereau de l'inscription prise et d'un certificat constatant la situation hypothécaire de l'immeuble, et délivré postérieurement à ladite inscription. Dans le cas où les immeubles ne sont pas situés dans le même département, il envoie les pièces produites au préfet du département où les biens sont situés, pour que ce dernier opère comme il vient d'être dit.

Le cautionnement en immeubles n'est définitivement constitué qu'après que le ministre de la guerre en a prononcé l'acceptation.

ART. 9.

Réaffectation d'un cautionnement.

Lorsque l'entrepreneur sortant est reconnu adjudicataire d'un nouveau marché, sur la demande écrite qu'il en fait par l'intermédiaire du chef du génie et du directeur, le ministre de la guerre peut donner l'autorisation d'affecter le cautionnement ancien à la garantie du nouveau marché.

Cette réaffectation ne peut avoir lieu qu'en faveur du même titulaire et pour le même service, dans la même localité.

Si le cautionnement ancien est devenu *libre* sans être encore restitué, on opère comme il suit :

Pour les cautionnements en numéraire :

1° Par la notification que fait le directeur des fortifications aux préposés de la caisse des dépôts et consignations de l'autorisation ministérielle de réaffectation;

2° Par la production d'un certificat de non-opposition délivré par le greffier et visé par le président du tribunal de première instance dans le ressort duquel ont été faits les travaux relatifs au précédent marché;

3° Par l'inscription, sur le registre mentionné à l'article 6, d'une nouvelle déclaration de l'entrepreneur indiquant la nature, l'étendue et la durée du nouveau service que l'ancien cautionnement est destiné à garantir, portant consentement de la réaffectation et spécifiant si l'entrepreneur est ou n'est pas propriétaire de ce cautionnement.

Lorsque le cautionnement appartient à un bailleur de fonds, celui-ci doit nécessairement intervenir dans cette déclaration pour consentir la réaffectation;

4° Par la remise entre les mains de celui qui a fourni le cautionnement d'un nouveau récépissé;

5° Enfin par l'accomplissement des autres formalités prescrites à l'article 6 ci-dessus, en ce qui concerne la remise des pièces, leur envoi et leur approbation par le ministre de la guerre.

Pour les cautionnements en inscriptions de rentes nominatives :

Au moyen d'un nouvel acte d'affectation passé avec l'agent judiciaire du Trésor, sur la présentation d'un certificat de non-opposition, délivré comme il vient d'être dit ci-dessus, et en ayant égard aux prescriptions de l'article 7.

Pour les cautionnements en immeubles :

1° Par un nouvel acte notarié dans lequel le propriétaire des immeubles doit déclarer que les garanties présentées par ces immeubles n'ont pas diminué;

2° Par une nouvelle inscription hypothécaire au profit de l'Etat, faite de la manière indiquée à l'article 8 ci-dessus. Cette dernière inscription n'est toutefois recevable qu'autant qu'elle est accompagnée d'un certificat de non-opposition délivré comme il vient d'être dit, et d'un certificat ou bordereau du conservateur des hypothèques constatant qu'il n'a été pris aucune autre inscription hypothécaire postérieurement à celle qui constituait le précédent cautionnement.

Si le cautionnement ancien est *encore engagé*, on opère comme il suit :

Lorsqu'il s'agit de *numéraire*, l'entrepreneur doit produire immédiatement, sur papier timbré, une déclaration par laquelle il s'engage à appliquer ce cautionnement à son nouveau service dès qu'il en sera requis, et déclare qu'il en est ou n'est pas propriétaire. A l'époque où la réquisition est faite, on procède comme il est dit ci-dessus.

Quand la garantie appartient en tout ou en partie à un bailleur de fonds, celui-ci doit consentir au changement d'application, par une déclaration dûment légalisée et inscrite au dos de son certificat de privilége. Ce titre est adressé au ministre en même temps que l'engagement de réaffectation souscrit par l'entrepreneur.

Dans le cas où le bailleur de fonds ne serait pas porteur d'un certificat de privilége, cette pièce devrait être remplacée par un acte notarié portant consentement dans des termes formels au changement d'application des valeurs engagées. A défaut de l'une ou de l'autre de ces pièces, le cautionnement devrait être réalisé de nouveau.

Lorsque l'ancienne garantie est constituée en *rentes sur l'État,* elle peut être appliquée immédiatement et par extension au nouveau service dans les formes ci-dessus prescrites. Il en est de même des cautionnements en *immeubles.* Mais dans ces deux cas le nouveau cautionnement n'est constitué qu'après que la mainlevée de l'ancien a pu être donnée.

ART. 10.

Restitution des cautionnements.

A moins de stipulations contraires consignées dans le cahier des charges, l'entrepreneur est en droit de réclamer la restitution de son cautionnement un an après l'expiration du marché.

La demande en est faite au ministre de la guerre par l'entrepreneur, ou par celui qui a fourni le cautionnement; elle est remise au chef du génie et adressée par le directeur des fortifications avec son avis au ministre de la guerre, qui donne, mais en ce qui concerne seulement les intérêts du service militaire, mainlevée pour la restitution des cautionnements en numéraire ou en inscriptions de rentes, ou par la radiation des inscriptions prises sur les immeubles hypothéqués.

La restitution s'opère :

Pour les cautionnements en numéraire :

Par les préposés de la caisse qui ont reçu le cautionnement dans les dix jours qui suivent la demande qui leur en est faite par l'entrepreneur ou par le bailleur de fonds, lorsque, d'ailleurs, il n'existe point d'opposition entre les mains de ces préposés; que la main-levée donnée par le ministre de la guerre leur a été notifiée, et que la demande est appuyée du récépissé de versement, et d'un certificat de non-opposition délivré par le greffier et visé par le président du tribunal de première instance dans le ressort duquel les travaux ont été faits.

Pour les cautionnements en inscriptions de rentes :

Par les soins du ministre des finances, sur l'avis qui lui est donné par le ministre de la guerre et sur la présentation du titre de cautionnement, lequel doit être accompagné du certificat de non-opposition dont il vient d'être question.

Pour les cautionnements en immeubles :

Par un arrêté du préfet mentionnant la décision par laquelle le ministre de la guerre a donné main-levée des inscriptions prises; cet arrêté n'est d'ailleurs rendu qu'après la production de l'acte de cautionnement et du certificat de non-opposition ci-dessus mentionné.

ART. 11.

Les dépôts de garantie exigés, dans quelques cas, des concurrents à une adjudication, doivent être versés en numéraire ou en rentes nominatives sur l'État, avant le moment de l'adjudication. Dépôts de garantie.

Leur versement se fait de la même manière que celui des cautionnements (articles 6 et 7 ci-dessus), et, quand il est fait en numéraire, il ne donne droit à aucun intérêt. En outre, en Algérie, les dépôts de garantie peuvent être reçus par les receveurs de l'enregistrement et des domaines.

Les dépôts de garantie sont restitués immédiatement après l'adjudication aux soumissionnaires non adjudicataires, sur la production du récépissé de versement, et d'une déclaration du directeur des fortifications constatant qu'il y a lieu de faire cette restitution.

Quant au dépôt de garantie fourni par l'adjudicataire, il peut être appliqué au cautionnement moyennant une déclaration par laquelle l'entrepreneur réclame cette application, et fait connaître s'il est ou non propriétaire du numéraire ou des rentes. Si, d'ailleurs, la garantie appartient en tout ou en partie à un tiers, celui-ci doit aussi consentir au changement d'affectation par une déclaration dûment légalisée. On opère ensuite comme il est dit ci dessus aux articles 6 et 7. Dans le cas d'un versement en numéraire, le récépissé primitif est échangé contre un autre, qui fait courir les intérêts du 61e jour, à partir de sa date.

ART. 12.

Frais auxquels donnent lieu les cautionnements et les dépôts de garantie.

Tous les frais que nécessitent la réalisation et la restitution des dépôts de garantie sont au compte des soumissionnaires; et ceux pour la réalisation et la restitution des cautionnements à la charge des entrepreneurs.

Les actes concernant, soit le cautionnement, soit le dépôt de garantie, doivent être faits sur papier timbré.

Les actes relatifs au cautionnement doivent en outre être enregistrés moyennant le droit fixe de deux francs, décime en sus.

ART. 13.

Priviléges sur les cautionnements en faveur des sous-traitants, des fournisseurs, etc.

La production des réclamations des fournisseurs, des sous-traitants et des autres préposés ou agents de l'entrepreneur en payement des dépenses pour travaux, pour fournitures ou pour livraisons qu'ils lui ont faits au titre de l'entreprise, ne s'effectue légalement que par la présentation au directeur des fortifications, ou au ministre de la guerre, des comptes, des factures ou des autres pièces servant de base aux réclamations. La date de cette production est constatée par l'inscription qui en est faite sur des registres à ce destinés.

Celles de ces réclamations dont les pièces ne sont pas présentées dans les six mois qui suivent la date de l'arrêté du règlement général et définitif des travaux de l'exercice encourent la déchéance.

Lorsque les fournisseurs, les sous-traitants, les préposés ou les autres agents d'un entrepreneur présentent au directeur des fortifications ou au ministre de la guerre, dans les six mois qui viennent d'être spécifiés, les comptes, les factures ou les autres pièces précisant les fournitures ou les livraisons par eux faites à l'entrepreneur ou à son compte pour les travaux de l'entreprise, et dont ils n'ont pas été payés par ce dernier, le directeur des fortifications ou le chef du service du génie au ministère de la guerre, après s'être assuré, par tous les moyens en son pouvoir, que les ouvrages ou les fournitures portés sur les titres qui lui sont présentés ont été réellement faits pour le service de la guerre ou pour le compte de l'entrepreneur, appose son visa sur chacune des pièces en indiquant la date du visa, la quotité des ouvrages ou des fournitures et le montant de la somme réclamée. (Voir le modèle ci-annexé sous le n° 3.)

Ces pièces visées tiennent lieu d'opposition à la restitution du cautionnement de l'entrepreneur quand elles sont présentées aux agents chargés d'opérer cette restitution, et ouvrent aux créanciers un privilége spécial jusqu'à concurrence du montant de ce qui leur est dû; et ce, nonobstant toute cession ou tout transfert que l'entrepreneur aurait pu faire.

Ce privilége, toutefois, ne passe qu'après celui de l'État.

Approuvé le 7 mai 1857.

Le Maréchal de France,
Ministre Secrétaire d'État de la guerre,

VAILLANT.

[Modèle n° 1.]

Modèle de déclaration à passer devant notaires par les titulaires de cautionnements, en faveur de leurs prêteurs de fonds, pour leur faire acquérir le privilége du second ordre.

Par devant, etc.

Fut présent *N.* (mettre les noms, qualités et demeure);

Lequel a, par ces présentes, déclaré que la somme de , que le comparant a versée à la caisse de , pour la (totalité ou partie) du cautionnement auquel il est assujetti en sa dite qualité, appartient en capital et intérêts à *N.* (mettre les noms, qualités et demeure), ou à *N. N.*, savoir à *N.* jusqu'à la concurrence de la somme de , et à *N.* jusqu'à la concurrence de celle de , pourquoi il requiert et consent que la présente déclaration soit inscrite sur les registres de la Caisse d'amortissement, afin que ledit *N.* ait et acquière (ou lesdits *N. N.* aient et acquièrent) le privilége du second ordre sur ledit cautionnement, conformément aux dispositions de la loi du 25 nivôse an XIII, et du décret impérial du 28 août 1808.

Dont acte, etc.

[Modèle n° 2.]

Procuration pour cautionnement en inscriptions de rentes sur l'État.

Par-devant, etc.

Auquel il donne pouvoir de, pour lui et en son nom, déposer partout où besoin sera les inscriptions de pour cent, nécessaires pour la garantie ci-après indiquée, les affecter à titre de nantissement et de cautionnement envers le Trésor, à la sûreté de :

En conséquence, consentir, ainsi que le comparant consent par ces présentes :

1° Que les inscriptions déposées répondent de :

2° Qu'elles soient grevées d'une opposition à la requête de l'agent judiciaire du Trésor;

3° Que dans le cas où , le produit résultant de la vente de tout ou partie desdites inscriptions soit versé au Trésor, en acquit de ;

4° Qu'à cet effet, vingt jours après une simple sommation d'acquitter , en vertu d'une décision du ministre des finances, lesdites inscriptions soient vendues en totalité ou en partie, dans la forme usitée, et que le transfert en soit fait par l'agent judiciaire du Trésor, auquel le comparant donne, par ces présentes, tout pouvoir nécessaire, lequel sera irrévocable tant que durera l'effet du cautionnement;

Souscrire tous actes, et généralement faire pour raison de ce que dessus, tout ce qui sera nécessaire.

Promettant, etc.

[Modèle n° 3.]

Les visas à apposer par les Directeurs des fortifications sur les pièces présentées par les fournisseurs, par les sous-traitants et par les préposés ou autres agents d'un entrepreneur à l'appui de leurs réclamations, doivent être conçus ou à peu près dans les termes suivants.

Je soussigné, directeur des fortifications, à... certifie que M. *N.*, pour obtenir le privilége stipulé par l'article 13 de l'instruction du 7 mai 1857, sur les cautionnements, m'a représenté le présent mémoire (ou le mémoire ci-contre ou ci-joint) des travaux (ou fournitures) qu'il a faits (ou qu'il affirme avoir faits) pour le compte de M. *N.*, entrepreneur des travaux militaires de la place de , depuis le jusqu'au , ledit mémoire s'élevant, savoir : en travaux (ou en fournitures) à (indiquer la quotité en toutes lettres), et en réclamation, à la somme de (la spécifier en toutes lettres).

A , le 18 .

N.

www.ingramcontent.com/pod-product-compliance
Ingram Content Group UK Ltd.
Pitfield, Milton Keynes, MK11 3LW, UK
UKHW020409190726
13838UKWH00006B/1028